BOOMER TRIVIA

© Copyright 2025 by **Word Jaunt** - All rights reserved

The content contained within this book may not be reproduced, duplicated, or transmitted without direct written permission from the author. Under no circumstances will any blame or legal responsibility be held against the author for any damages, reparations, or monetary loss due to the information contained in this book (either directly or indirectly).

DISCLAIMER: The information and activities contained in this document are for educational and entertainment purposes only. All effort has been made to present accurate, reliable, and up-to-date information. However, no warranties of any kind are declared or implied. Readers acknowledge that the author is not engaging in the rendering of legal, financial, medical, or professional advice. The author and publisher make no representations or warranties with respect to the accuracy or completeness of the contents of this book and specifically disclaim any implied warranties of merchantability or fitness for a particular purpose. The author and publisher shall in no event be liable for any loss of profit or any other commercial damage, including but not limited to special, incidental, consequential, or other damages.

The activities in this book are intended for personal use only. The author and publisher do not assume any responsibility or liability for any damage or injury that may result from the use or misuse of the information and activities presented in this book. Readers are solely responsible for their own safety and the safety of those around them when engaging in any of the activities described in this book.

The author and publisher of this book cannot be held responsible for any errors, omissions, or damages that may arise from the use of this book or the information contained herein. The inclusion of any third-party names, places, materials, or links in this book does not imply endorsement or affiliation with the third-party provider.

Table of Contents

Juxebox Joy	**1-6**
Flashback Fun	**7-12**
Sightseeing	**13-18**
Eye Catcher	**19-24**
Recent Past	**25-30**
Popcorn Past	**31-36**
Hall of Heroes	**37-42**
Game On	**43-48**
Tasty Times	**49-54**
Retro Toons	**55-60**
Word Jaunt	**61-62**

Table of Contents

What's Up Doc	**63-68**
Old Ho Ho Hos	**69-74**
Wheels Up	**75-80**
Chillin' Villains	**81-86**
Not My Style	**87-92**
The Boob Tube	**93-98**
Lullaby Lane	**99-104**
The Big Game	**105-110**
Sunday Comics	**111-116**
Toy Box	**117-122**

BOOMER TRIVIA

Welcome to **Boomer Trivia....** your **ultimate ticket** to a **groovy trip** down **memory lane,** brought to you by the hilariously clever **puzzle pros** at **Word Jaunt!**

From the **jingles** you couldn't stop **singing** to the **gadgets** that changed the **game,** this **book** is packed with the **trends, tunes,** and **triumphs** that defined the **boomer era.** Relive the **iconic moments, timeless fashions,** and **unforgettable pop culture** that shaped a generation and left a **lasting mark** on **history.**

Get ready to put your **knowledge** to the test.... because the **past is calling,** and it wants to know if you've **still got it!**

Jukebox Joy

Let's hit rewind to the boomer era, when vinyl was king, jukeboxes ruled the diner, and every song had you tapping your feet. Think you know the tunes, or will you be stuck singing "Yakety Yak" when it's time to answer?

1. This **song** by **Bill Haley and the Comets** is about *"grooving around the sundial"*. _____

2. I wonder why **Elvis** would sing about a *lodging establishment* filled with *sorrow*. What **song** am I referring to? _____

3. Who recorded the **classic song Blueberry Hill** in the **1950s**? _____

4. Which **band leader** recorded the hit song **Chattanooga Choo Choo** in the **'40s**? _____

5. What **1958 hit** by **The Platters** is also the **reason** I need to **move my chair 100 times** at a **campfire**? _____

6. Which legendary **rock and roll artist** wrote and recorded the iconic song **Johnny B. Goode** in **1958**? _____

7. With no **dance floor** in sight, **Martha and the Vandellas** could be found **waltzing** in this instead. What's the **name** of the **song**? _____

1. Answer: *Rock Around the Clock*
   Joke: If nothing else, **Bill Haley's "Rock Around the Clock"** had **perfect timing**.

2. Answer: *Heartbreak Hotel*
   Joke: Don't be **fooled**…. a **heartbreak hotel** will never hold a **Valentine's dance**.

3. Answer: *Fats Domino*
   Joke: I can totally **relate** to this **singer**…. back in **college**, I got **fat** from **Domino's**.

4. Answer: *Glenn Miller*
   Misheard Lyrics: "**Pardon me, boys**…. is that the **cat that chewed your new shoes**."

5. Answer: *Smoke Gets in Your Eyes*
   Joke: This **happens** to me all the time too…. I **move**, then I have to **move s'more!**

6. Answer: *Chuck Berry*
   Joke: **Johnny** was such a **troublemaker** that his **mom** paid **Chuck Berry** to **write a song** to hopefully **reprogram him**.

7. Answer: *Dancing in the Street*
   Joke: Back in the late **1800s, hurdy-gurdy monkeys** were also **dancing in the streets**.

Glenn Miller became one of the first major bandleaders to enlist in the U.S. Army during World War II. He formed the Glenn Miller Army Air Force Band, which performed for troops and boosted morale. His music became a symbol of hope and patriotism during the war.

8. This *Bing Crosby song* asks if you'd like to *carry moonbeams home* in a *jar*. _____

9. *Shhh, quietly* tell me the *name* of the *song Simon and Garfunkel* recorded in *1964*. _____

10. Which *artist* famously *recorded* the hit song *Tutti Frutti* in *1955*, launching his career in *rock and roll*? _____

11. In *1957*, the *Everly Brothers* sang *farewell* to a *score of zero* in *tennis*. _____

12. In *1955*, which *artist* recorded *Love and Marriage*? _____

13. *Elvis* liked this type of *dog* that has an exceptional *sense of smell*. _____

14. In the *'40s*, which *group* sang about a *bugle boy* who could really *boogie-woogie*? _____

15. In *1961*, *The Tokens* used the word *Wimoweh* in this *song* you can't help but *sing along to*. _____

16. I wonder if *The Twist* would've sounded any *different* if a *singer* named *Rotund Reviewer* had *sung it* instead of this *guy*. _____

8. Answer: *Swinging on a Star*
Joke: Every time the **seatbelt sign** lit up, **Bing Crosby** thought the **Southwest Airlines crew** was calling for **him.**

9. Answer: *The Sound of Silence*
Joke: The only **grilled meat** and **vegetables** on a **skewer** you're allowed to eat in a **library** is a **"shush" kabob.**

10. Answer: *Little Richard*
Did You Know: In the song, **Rudy** refers to **Rudy Pompilli,** who was a **charismatic friend** of **Little Richard.**

11. Answer: *Bye Bye Love*
Joke: They may not have been **great tennis players,** but they were still **aces** in the **music industry.**

12. Answer: *Frank Sinatra*
Deep Thought: Being **married four times,** maybe he should have recorded.... ***Divorce Then Marriage.***

13. Answer: *Hound Dog*
Joke: He should've **loved it....** **Hound Dog** sniffed its way to **#1** on the **charts.**

14. Answer: *The Andrews Sisters*
Bonus Trivia: When he played **Reveille,** which **company** was he playing for? **Company B**

15. Answer: *In the Jungle*
Joke: In this **song,** the **lion sleeping at night** explains why most **maulings** happen during the **day.**

16. Answer: *Chubby Checker*
Joke: Now I'm able to just **twist....** but before my **hip surgery,** I would always **Twist and Shout.**

17. The *Big Bopper* enjoyed *ornamental fabric*, but this type of *lace* was his favorite. _____

18. This *song* is both a *classic* by *Ben E. King* and the *title* of a *movie* directed by *Rob Reiner*. _____

19. The *Beach Boys* couldn't find many *waves* to ride in *Canada*, so they went and did this *instead*. _____

20. I wonder if *The Drifters* were singing about the *most expensive Monopoly property* in this *song*. _____

21. Why were *The Marvelettes* begging a *letter carrier* in this *song*? _____

22. Which legendary *musical duo* performed the hit song *You've Lost That Lovin' Feelin'* in *1964*? _____

23. It's her *party*, and she can *cry* if she wants to. Who is this *singer*? _____

24. Where did *Danny and the Juniors*.... *rock it, roll it, stomp it,* and *stroll it*? _____

25. I'm sure you've heard of a *snow angel*…. well, *The Penguins* sang about making one *out of dirt*. _____

17. Answer: *Chantilly Lace*
   Joke: He also likes a **pretty face** with a **ponytail hanging down**.

18. Answer: *Stand by Me*
   Joke: Here are **some places** where you **don't** want people to **stand by you**…. an **ATM,** an **uncrowded subway car,** and of course…. a **urinal**.

19. Answer: *Surfin' USA*
   Joke: The only **surfin'** I do in the **USA** also involves **all-you-can-eat turfin'**.

20. Answer: *Under the Boardwalk*
   Definition: **Boardwalk**: an **uneventful stroll**. (Give this a **minute**…. you'll get it.)

21. Answer: *Please Mr. Postman*
   Joke: Why aren't **tone-deaf postmen** allowed to deliver a **vinyl record?** Because they can't **carry a tune.**

22. Answer: *The Righteous Brothers*
   Joke: Losing a **loving feeling** is far better than **finding** an **angry indifference.**

23. Answer: *Lesley Gore*
   Joke: I can't stand when my **wife drags** me to a **tearjerker movie,** so there's **no way** I'd ever **attend** a **Leslie Gore party.**

24. Answer: *At The Hop*
   Bonus Trivia: Where did **Danny and the Juniors** eat **bacon,** drink **coffee,** and enjoy **pancakes?** At the **IHOP**.

25. Answer: *Earth Angel*
   Truth: Nurses, teachers, and **first responders** are just a **few** of the **real earth angels**.

Flashback Fun

Welcome to the boomer era, when shag carpets, avocado-green appliances, and macramé were top of the trend list. Let's see if you can recall these classic staples or if you're still wondering what exactly a hula hoop does!

1. **Nervous people** loved this **fast-paced dance** set to **swing music**. _____

2. Don't **gamble** your **soul** trying to guess this **radio quiz show** hosted by **Groucho Marx**. _____

3. At this type of **theater,** you can use a **portable speaker** or an **FM frequency** to listen to a **movie**. _____

4. Which **company** is credited with popularizing the **Hula Hoop** in **1958**? _____

5. These types of **parties** involve **sand, sun,** and **waves**. _____

6. A **bibliophile** would automatically be **accepted** into this **type of club**. _____

7. **Airplanes, cars,** and **ships** are the popular things to **build** in this **hobby**. _____

1. Answer: *Jitterbug*
  Definition: *Jitterbug:* a **bug** or **insect** experiencing the **effects** of excessive **caffeine**.

2. Answer: *You Bet Your Life*
  Real Quote: "Be **open-minded**, but not so **open-minded** that your **brain falls out**." - **Groucho Marx**

3. Answer: *Drive-in Theatre*
  Did You Know: The first **drive-in movie**, *"Wives Beware,"* was shown on **June 6, 1933**, in **Camden, NJ**.

4. Answer: *Wham-O*
  Joke: Blindfolded **hammering**, boxing **Mike Tyson**, and **Curly** annoying **Moe** are all things that **end with a Wham-O**.

5. Answer: *Beach Party*
  Joke: Just bring some *"wiches"* to the **beach**.... the **sand** will find its **way into them** eventually.

6. Answer: *A Book Club*
  Bonus Trivia: What **book club** only reads only **one book? Church**

7. Answer: *Model Building*
  Joke: Model-building hobbyists are a **tight-knit group**.... they **stick** together like **glue!**

The Hula Hoop became a sensation in the 1950s, with over 100 million sold in just two years! Interestingly, it was inspired by a toy from Australia and was originally made from bamboo. Its sudden popularity led to a Hula Hoop craze, with kids and adults alike competing for hours!

8. *Scarves, hats,* and *sweaters* are also popular *items* to make in this *hobby.* _____

9. This *pastime* turned into a *necessity* during wartime *food rationing.* _____

10. In the *'40s* and *'50s,* listening to *records* was popular. What do you call a *collection* of these today? _____

11. *Baby Boomers* love *DIY projects*. What does *DIY* stand for? _____

12. What is the *simpler term* for a *hosiery dance* popular among *teenagers?* _____

13. This *pastime* usually requires *mosquito spray, sleeping bags,* and *graham crackers* with *marshmallows?* _____

14. *Silver, mask, Tonto,* and *"Hi Yo"* are all *words* related to another *radio show* that kids couldn't *miss.* _____

15. What type of *puppet* is controlled by *strings* and *manipulated from above?* _____

16. This type of *marathon* involves more *choreography* than *running.* _____

8. Answer: *Knitting or Crocheting*
Joke: How does an **oyster crochet?** It **knits one** and **pearls two.**

9. Answer: *Gardening*
Joke: Thomas Edison brightened up his **garden** by planting **bulbs.**

10. Answer: *Vinyl Collection*
Joke: A **vinyl record** doesn't like to **play too fast** and hates **running slow,** so its happy pace is **skipping.**

11. Answer: *Do It Yourself*
Safety Tip: The first rule of **parachuting** is **DIY.**

12. Answer: *Sock Hop*
Joke: Does a **sock hop** have an unfair advantage in **potato sack racing?**

13. Answer: *Camping*
Joke: When **camping,** a simple can of **Off** can be more effective than an entire **SWAT team!**

14. Answer: *The Lone Ranger*
That's Weird: Many people think the **Lone Ranger** said **"Hi Ho Silver,"** when it's actually **"Hi Yo Silver."**

15. Answer: *Marionette*
Joke: Marionettes are hard to **marry….** most people want a **spouse** that comes with **no strings attached.**

16. Answer: *Dance Marathon*
Did You Know: The longest **individual dance marathon** lasted **127 hours** from **May 29** to **June 3, 2023.**

17. This type of *fair* doesn't have *rides,* but features plenty of *projects* where *kids take credit* for their *parents' last-minute work.* _____

18. A *hootenanny* is generally associated with this *type of festival.* _____

19. This very popular *weekend family activity* requires a *special basket* and *blanket.* _____

20. In the *50s, Kodachrome film* really helped add what to *photos?* _____

21. This type of *hop* gained popularity in the *'30s* and *'40s* and was named after a *famous transatlantic pilot.* _____

22. This *hobby* involves a *philatelist* who can take a *licking* and keep on *sticking.* _____

23. In which *hobby* would you find *marquetry, spokeshave,* and *dovetail joints?* _____

24. *John Spilsbury* was a *British cartographer* who invented this type of *puzzle* in *1767.* _____

25. In *birdwatching,* <u>Batman</u> loves the *USA species* of the *Turdus migratorius.* What's the name of the *bird* he *loves?* _____

17. Answer: *A Science Fair*
So True: This ***phenomenon*** is also present at ***Pinewood Derby races.***

18. Answer: *Folk Festival*
Bonus Trivia: What do you call an ***owl*** who can ***babysit?*** A ***hootenanny***

19. Answer: *A Picnic*
Joke: ***Uncles*** are always welcome at ***picnics... aunts,*** not so much.

20. Answer: *Color*
Joke: ***Kodachrome*** would be the perfect ***housekeeper....*** always keeping things ***picture-perfect.***

21. Answer: *Lindy Hop*
Deep Thought: If ***Roseanne*** were that ***transatlantic pilot,*** would people be ***Barr hopping*** instead?

22. Answer: *Postage Stamp Collecting*
Joke: When the ***escargot*** got promoted to ***Postmaster General,*** mail service ground down to a ***snail's pace.***

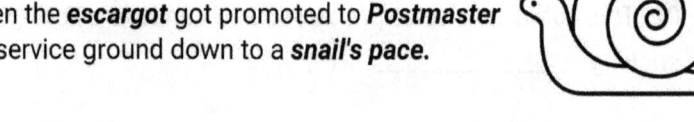

23. Answer: *Woodworking*
Joke: A ***beavertail*** makes more sense for a ***woodworking joint*** rather than a ***dovetail.***

24. Answer: *Jigsaw Puzzle*
Joke: The ***Jigsaw murder case*** went ***cold.... detectives*** just weren't able to ***piece it together.***

25. Answer: *American Robin*
Joke: The ***Turdus migratorius*** is weird... it loves to ***migrate*** down ***sewer pipes.***

Sightseeing

Time to hit the road across the USA, where landmarks are as iconic as the Grand Canyon. From the Statue of Liberty to the world's largest ball of twine, let's see if you know these sights, or are just here for the cheesy souvenirs!

1. This **city** is home to the **Kentucky Derby** and a **famous slugger**. _____

2. This **South Dakota landmark** honors a **Native American leader** and not a **horse** that's **gone off the rails**. _____

3. In the **'60s,** this iconic **Vegas property** was built and later made **more famous** by **Evel Knievel**. _____

4. The **Silver Portal Overpass** in **Oakland** isn't quite as fancy as this **bridge** in **San Francisco**. _____

5. In this **New Orleans Parisian 25-cent coin neighborhood** you can get all the **beads** you want if you're a **good catch**. _____

6. What **scenic park** in **Wyoming** is known for its **geothermal features,** including the **Grand Prismatic Spring?** _____

7. Which **city** in **Texas** is associated with the rallying cry **"Remember the Alamo"?** _____

1. Answer: *Louisville*
   Joke: I guess it could also be the **"ville"** of an **Armstrong, C.K.,** or **Vuitton**.

2. Answer: *Crazy Horse*
   Joke: The **power** provided by a **crazy horse** was no longer needed once **Ozzy Osbourne** invented the **Crazy Train**.

3. Answer: *Caesars Palace*
   Joke: One of **Evel's ancestors** used a **chariot** to jump over a **moat.** He was a **Medieval Knievel**.

4. Answer: *The Golden Gate Bridge*
   Joke: What a **couple** of **dummies. Silver Portal** and **Golden Gate** got caught **cheating**.... and both were **suspended**.

5. Answer: *The French Quarter*
   Joke: One-dollar bills love the **French Quarter**.... they know it will **never <u>change</u>**.

6. Answer: *Yellowstone*
   Joke: I'm not sure where **yellow stone** comes from, but I'm **pretty sure** I know where **yellow snow** does.

7. Answer: *San Antonio*
   Joke: When we **landed** in **San Antonio,** I forgot our **car rental company.** My wife said…. **"Remember, it's Alamo."**

The Crazy Horse Monument, located in South Dakota, has been under construction since 1948 and is still unfinished! When completed, it will be the largest mountain carving in the world, standing at a whopping 563 feet high and 641 feet long. CRAZY!

8. This *good ole music stage* in *Nashville* opened in *1925*.
_____

9. When it was *completed* in *1931*, this was the *tallest building* in the *world*. _____

10. *Virginia* is for *lovers,* but this *attraction* on the *U.S.-Canadian border* is for *honeymooners*. _____

11. I was *scared to death* to enter this *forest* in *northeastern Arizona*. _____

12. In this *city,* you'll find the *Freedom Trail, Fenway Park,* and maybe even some *tea in the harbor*. _____

13. *San Francisco* is known for its *cable cars, Fisherman's Wharf,* and this *treat*. _____

14. This is another *honeymoon destination* made popular in the *'50s*…. it's in the *mountains* of *Pennsylvania*. _____

15. The best way to see the *Everglades* is in this type of *vessel* that uses a *giant airplane propeller*. _____

16. People of all *generations* can take a <u>*stroll*</u> down memory lane at this iconic *Atlantic City landmark,* built in *1870*. _____

8. Answer: *Grand Ole Opry*
   Joke: The *supreme leader* of the *Birds of Prey Secret Society* is called the *Grand Ole Osprey*.

9. Answer: *The Empire State Building*
   Did You Know: In *1945*, a *B-25 bomber* crashed into the building in *thick fog*, causing *14 deaths*, but it remained *structurally sound*.

10. Answer: *Niagara Falls*
   Joke: I originally wrote a *Niagara Falls joke*, but it didn't *go over so well*.

11. Answer: *The Petrified Forest*
   Faux Trivia: What's the *best-selling gift shop snack* in the *Petrified Forest? Twinkies*.

12. Answer: *Boston*
   Joke: For you *Massachusetts folks*, I meant *Fenway Pahk* and *some tea* in the *hah-buh*.

13. Answer: *Rice-A-Roni*
   Joke: *Rice-A-Roni* is not a *paid sponsor* of our books, but if a *few free cases* just happened to *show up…. well….*

14. Answer: *The Poconos*
   Joke: Founded by *Geppetto* and his *son*, the *Poconos* just *grew and grew*.

15. Answer: *Air Boat*
   Joke: On these *boats*, they give you *earmuffs* to block out the *alligator screams* as you *fly over them*.

16. Answer: *The Boardwalk*
   Did You Know: *Monopoly* was inspired by *Atlantic City*, featuring its *real locations* as *property spaces* in the game.

17. Which **famous ride,** known for its **steep drops,** opened in **1927** at **Coney Island?** _____

18. This **estate** in **Asheville, NC,** has more than **250 rooms** built into it. _____

19. This **lake** in the **Sierra Nevada mountains** is one of the **deepest,** and this **Chevy SUV** might just get you there. _____

20. As a kid in **1955,** I couldn't wait to **visit** this **new land** built on old **orange groves** in **Anaheim, CA.** _____

21. This **265-acre zoo** is located in one of the **five boroughs** of **NYC.**
_____

22. **Mammoth Cave** in **Kentucky** is made primarily of this **non-lemon stone.**
_____

23. In **1965, St. Louis** opened this, but it wasn't to celebrate **half** of **McDonald's.** _____

24. This iconic **train station** in **New York** has **44 platforms,** making it one of the **busiest** in the **country.** _____

25. What **river** is responsible for **carving** the **Grand Canyon?** _____

17. Answer: *The Cyclone Roller Coaster*
   Joke: You're forbidden to **ride** the **coaster** if you just finished the **Nathan's hot dog eating challenge.**

18. Answer: *The Biltmore Estate*
   Joke: Upon arrival, **houseguests** are given a **map** and their own **personal sherpa** to get to their **room.**

19. Answer: *Lake Tahoe*
   Joke: If the **lake** were **haunted,** then you'd probably want to use a **Chevy Maliboooo.**

20. Answer: *Disneyland*
   Holy Smokes: In **1955,** entry to **Disneyland** was **$1.00 for adults** and **$0.50 for children,** with additional **A to E tickets** needed for the **rides.**

21. Answer: *The Bronx Zoo*
   Joke: I'm pretty sure that **NYC's 193,000 acres** is basically just one **giant zoo**.

22. Answer: *Limestone*
   Joke: <u>**Wool**</u> **sweaters** are not allowed in the **cave** because the **moths** are so big.... they're **mam<u>moths</u>.**

23. Answer: *The Gateway Arch*
   Faux Fact: This angered **McDonald's,** causing **St. Louis** to become their **arch enemy.**

24. Answer: *Grand Central Station*
   Joke: Any **train** that's **allergic** to its own **steam** is definitely <u>**Achoo**</u>**-choo train**.

25. Answer: *The Colorado River*
   Joke: Due to the **Grand Canyon's** many **gorges,** it has a **lifetime ban** from **Golden Corral.**

Eye Catcher

Step into a time when jingles were unforgettable, ads were everywhere, and slogans promised the world. Think you can match the slogans to their products, or will you find yourself humming "plop, plop, fizz, fizz" in defeat?

1. This **Coca-Cola rival's slogan** in the '40s was...."Twice as much for a nickel." _____

2. This **medication** goes *"plop, plop, fizz, fizz."* _____

3. This **car** promoting its **compact size** and **cost** by telling us to *"think small,"*.... didn't **bug** me at all. _____

4. Complete this **slogan**...."If it's got to be clean, it's got to be _____."

5. This was a catchy **jingle** from the '50s...."See the USA in your _____."

6. This **aunt** told us her **product** was *"Breakfast made easy."* Who was she? _____

7. **Mr. Whipple** told us not to **squeeze** this. _____

1. Answer: *Pepsi*
   Joke: I wish **Exxon** or **Shell** would use that **slogan today**.

2. Answer: *Alka Seltzer*
   Joke: Some **medications** make me go **fizz, fizz**, then **plop, plop**.

3. Answer: *The Volkswagen Beetle*
Joke: If the **car** in front of you has had its **blinker** on for **5 miles** and is going **15 mph** under the **speed limit**, it's probably an **Oldfolkswagen**.

4. Answer: *Tide*
   Joke: In the dead of **winter**, my **mother** would always **wash our clothes** in **Tide** because it was **too cold out Tide**.

5. Answer: *Chevrolet*
   Joke: If someone from **Saturday Night Live** were **quickly pursuing** you in their **Chevrolet**, it could be a **Chevy Chase**.

6. Answer: *Aunt Jemima*
   Joke: If you got into an **argument** with **Aunt Jemima**, it was **bound** to turn into a **sticky situation**.

7. Answer: *The Charmin*
   Deep Thought: If **Mr. Whipple** were **royalty**, would he be **Prince Charmin**?

The Kool-Aid Man, famous for bursting through walls shouting "Oh yeah!", made his TV debut in 1974. Originally named "Pitcher Man," his destructive entrances were so popular that he even got his own video game in the 1980s on the Atari system!

8. In the *'50s*, this *company* led us to *believe* they had *"the cake mix you can trust."* _____

9. This is probably still *too easy* but.... *"they melt in your kisser, not in your mitt."* What are they? _____

10. In the *movie, A Christmas Story, Ralphie Parker* didn't enjoy having this *deodorant soap* sit in his *mouth* for saying...."Oh, fudge." _____

11. What *hair cream* had that great *jingle*...."A little dab'll do ya"? _____

12. In the *'60s*, the *really cool kids* loved the *"Oh, yeah!" slogan* from this *drink company*. _____

13. Wait a second, in the *'50s*, there's *no way* this *cigarette company* told us to *"blow some my way."* _____

14. In the *'60s*, this *mascot* was created and he even *giggles* when *poked* in the *stomach*. _____

15. What *cereal* is the *"Breakfast of Champions"*? _____

16. Attention *acne sufferers*.... use this product *"for a clear complexion."* _____

8. Answer: *Duncan Hines*
    Joke: I wasn't around in the *'50s,* but was there a *giant cake mix scandal* or something?

9. Answer: *M&Ms*
    Joke: *M&M's* must *dabble with magic*…. one minute the *bag is full*, and the next, it's *empty*.

10. Answer: *Lifebuoy*
    Bonus Quote: "I found that *Palmolive* had a nice, piquant *after-dinner flavor - heady,* but with just a touch of *mellow smoothness.*"

11. Answer: *Brylcreem*
    Joke: I can only hear *Fred Flintstone* saying that *jingle*.

12. Answer: *Kool-Aid*
    Joke: We went to *hang out* at *Kool-Aid's house,* but it was a real *hole in the wall*.

13. Answer: *Chesterfield Cigarettes*
    No Joke: I don't think I even need to *write a joke*…. their *slogan* is *funny enough* on its own…. even the *Surgeon General* laughed at this.

14. Answer: *The Pillsbury Doughboy*
    Joke: I look up to the *Pillsbury Doughboy*…. he's a great *roll* model.

15. Answer: *Wheaties*
    Joke: Is it me or do the *pictures* of *famous people* on a *Wheaties box* always seem a bit *grainy*?

16. Answer: *Noxzema*
    Joke: If you accidentally *rub your eyes* after applying *Noxzema,* I think you'll activate your *sixth sense*…. and start *seeing dead people*.

17. This sweet *fictional lady* promoted her *pre-packaged meals* for couples as *"Dinner for Two."* _____

18. This <u>relative's</u> ad said, *"I want you."* Who is this? _____

19. Which *cigarette brand,* founded in *1871* by the *American Tobacco Company,* used the slogan *"Be happy, go Lucky"*? _____

20. What *product* did *Marilyn Monroe* refer to when she stated, *"What do I wear in bed?"* _____

21. This *gelatinous substance* let us know…. *"There's always room for* _____."

22. People would have *parties* selling this *product* that is known as *"The Original Food Storage."* _____

23. This *citrus soda brand* ran the *ad*…. *"Put a Little Sunshine in Your Life"*…. back in the *'50s.* _____

24. This *rugged cowboy* became the face of this *cigarette company.* _____

25. The *ad campaign* for this *product* was *"M'm! M'm! Good!"* _____

17. Answer: *Betty Crocker*
Joke: Unfortunately, **Betty Crocker** ended up **stuck at home** with her **47 cats**.... turns out, she finally went **stir crazy!**

18. Answer: *Uncle Sam*
Joke: My **Uncle Ram** was a **real ladies' man**.... his motto was....*"I want ewe."*

19. Answer: *Lucky Strike*
Joke: Once my **bowling ball** bounced **in and out** of the **gutter,** and I got a **lucky strike!**

20. Answer: *Chanel No. 5*
Joke: Back in the *'50s,* **my dad** would **sit in the recliner** and tell me or my brother to put the **TV on Channel number 5.**

21. Answer: *Jell-O*
Joke: If you **make a gun** out of **Jell-O,** be careful.... it could be considered a <u>**congealed**</u> **weapon!**

22. Answer: *Tupperware*
Joke: Detectives had a tough time solving the **refrigerated Tupperware murder**.... the <u>**case**</u> just went **cold.**

23. Answer: *Sunkist*
Joke: The **citrus drink** explained why he was a **poor student**.... he said he just couldn't **concentrate.**

24. Answer: *The Marlboro Man*
Joke: Despite being **rugged** and **handsome,** the **Marlboro Man** is always on the **lookout for a match.**

25. Answer: *Campbell's Soup*
Joke: Campbell's Soup offers an **in-house retirement plan** for their **employees**.... it's not quite a **401(k),** but more of a **Broth IRA.**

Recent Past

Welcome to a time when the Beatles were everywhere, TV was still in black and white, and everyone had an opinion on the moon landing! Let's see if you're still up to date on your history or if you're stuck in the past.... literally!

1. If you were **born** between **1946** and **1964, society** often refers to you as a member of this generation. _____

2. After which **war** did the **baby boomer generation** really **explode?** _____

3. In which **year** did the **United States** officially enter **World War II?** _____

4. Who was the **first woman** to **fly solo** on a **transatlantic flight** in **1932** and defied **society's norms.** _____

5. The **first-ever successful test** of this **powerful device** was **detonated** during the **Trinity Test** in **1945.** _____

6. What **legislation** was passed in **1964** to **prohibit discrimination?** _____

7. **Fifty-one** countries **united** to form this **organization** for **international cooperation** in **1945.** _____

1. **Answer:** *A Baby Boomer*
   Joke: After changing a few **diapers,** the term **"baby boomer"** takes on a whole **new meaning.**

2. **Answer:** *World War II*
   Joke: The **population explosion** was definitely **caused** by the **people** who said to **make love, not war.**

3. **Answer:** *1941*
   Historical Trivia: On **December 7, 1941, Pearl Harbor** was attacked, marking the **final straw** in tensions with the **Axis Powers.**

4. **Answer:** *Amelia Earhart*
   Faux Fact: Ameila coined the **phrase....** "To **Ear** is human, to **Hart** is to love".

5. **Answer:** *Atomic Bomb*
   Deep Thought: In **hindsight,** maybe this was a **test** that **humanity** should have **failed.**

6. **Answer:** *Civil Rights Act*
   Joke: Having **civil rights** is far **better** than committing **criminal wrongs.**

7. **Answer:** *The United Nations*
   Joke: If you **worked** for the **UN,** you'd be **"UN-employed"....** I wonder if that **means** you could **collect benefits too!**

Did you know that Amelia Earhart was also a best-selling author? Beyond shattering records in the sky, she penned three books and contributed articles, editorials, and columns to various newspapers. She even served as the aviation editor for Cosmopolitan Magazine!

8. Which **U.S. President's doctrine** was key to a *true* **foreign policy initiative?** _____

9. In what **major conflict** did the **United States intervene** during the **early 1950s?** _____

10. What was the **U.S. space program** aimed at **landing a man** on the **Moon?** (*Hint:* It was also **Rocky's boxing rival.**) _____

11. **NATO** is a **military alliance** formed after **World War II.** What does **NATO** stand for? _____

12. In **1958, NASA** was formed for **space exploration** and **scientific discovery.** So, what does **NASA** stand for? _____

13. Who was **in charge of Cuba** during the **Cuban Missile Crisis,** a pivotal moment in **Cold War history?** _____

14. He certainly wasn't **asleep at the wheel** when he delivered the *"I Have a Dream"* **speech** in **1963.** _____

15. What was the **name** of the **structure built** in **1961** to separate **East** from **West Germany?** _____

16. What **TV show** featured **Ward, June,** and **Wally** in **1959?** _____

8. Answer: *President Harry S. Truman*
   Joke: *Harry was a **take-charge guy**, and everything **centered around him**, making people believe it was the **"Truman Show"**.*

9. Answer: *The Korean War*
   Joke: *The **U.S.** backed **South Korea** after much **Seoul** searching.*

10. Answer: *The Apollo Program*
   Joke: *When **Neil Armstrong** landed on the **moon**, he was in a **good mood**…. you didn't want to see his **dark side**.*

11. Answer: *North Atlantic Treaty Organization*
   Did You Know: *NATO was formed on **April 4, 1949,** by **12 countries** for the **collective defense** against the **Soviet Union**.*

12. Answer: *National Aeronautics and Space Administration*
   Joke: *The **schooling** at **NASA** is really **out of whack**…. you still **advance** even with a **T-minus**.*

13. Answer: *Fidel Castro*
   Joke: *Before becoming the **President of Cuba, Fidel Castro's** off-Broadway show, **Fidel on the Roof,** was a **massive flop**.*

14. Answer: *Martin Luther King Jr.*
   Joke: ***Martin Luther King** loved <u>**condensed**</u> milk or basically <u>**mlk**</u>.*

15. Answer: *The Berlin Wall*
   Deep Thought: *If you put a **few windows** into the **Berlin Wall,** would you **accent** them with **iron curtains**?*

16. Answer: *Leave It to Beaver*
   Joke: *Got a **tree to take down** or a **river to reroute?** Just **leave it to Beaver!***

17. What **bay** should you **avoid swimming** in when visiting **Cuba?** _____

18. **Elvis** gyrated his **hips,** causing **women to swoon** when he made his **debut** in **1956** on this **show.** _____

19. What **military operation** was aimed to **contain communism** in **Southeast Asia** in the early **1960s?** _____

20. What **circular office** did **Harry Truman** give a **televised address** from in **1947?** _____

21. In **1959, Barbara Millicent Roberts** arrived **on the scene.** What is her more commonly known **nickname?** _____

22. Which **program,** established in **1965,** helps cover **medical costs** for **low-income** individuals? _____

23. What **artificial satellite** was launched in **1957** and started the **Space Race?** _____

24. The **chilly tension** between the **U.S.** and **Russia** after **WWI** is referred to as this. _____

25. What was the **name** of the **U.S. program** started in **1961** to send **volunteers** for **global development projects?** _____

17. Answer: *The Bay of Pigs*
Joke: The **sun is strong** there, but **applying sunscreen** should **stop you** from **bacon**.

18. Answer: *The Ed Sullivan Show*
Joke: The **producers** misplaced **Elvis' blue suede shoes** before the **show**, so he had to **settle** for his **jailhouse Crocs**.

19. Answer: *The Vietnam War*
Did You Know: The **war** raised **awareness** for **veterans' rights**, improving **support systems** and **benefits**.

20. Answer: *The Oval Office*
Joke: The **cleaners** were **scrambling** to **vacuum** before the **live broadcast**.... the **office** hadn't been **hoovered** since **Hoover**.

21. Answer: *Barbie*
Joke: **Barbie** has had **a lot** of **work done** over the **years**.... good thing **Ken** is a <u>**plastic**</u> **surgeon!**

22. Answer: *Medicaid*
Joke: Thanks to **Medicaid,** a **double amputation** no longer **costs** an **arm** and a **leg**.

23. Answer: *Sputnik 1*
Joke: Does **coming in second** in the **Space Race** earn you a <u>**constellation prize**</u>?

24. Answer: *The Cold War*
Joke: The **skirmish** between the **Emperor penguins** and **Atlantic walruses** turned into another **cold war**.

25. Answer: *The Peace Corps*
Joke: If I'm not mistaken, I believe the **Peace Corps** did some work over in **Woodstock**.

Popcorn Past

Welcome to the world of classic movies, where the leading men were suave, the villains unforgettable, and the plots full of drama. Let's see if you remember these silver screen legends or if you're just here for the popcorn!

1. What **country** in **North Africa** serves as the **backdrop** for the **movie Casablanca?** _____

2. What **1962 film** stars **Gregory Peck** as a **lawyer** defending a **black man** accused of a **crime** in the **South?** _____

3. Can you **recall** the iconic **actress** from **The Maltese Falcon** and **To Have and Have Not** in the **1940s?** _____

4. Which **1954 film** features **Marlon Brando** as a **dockworker** known for the line, **"I coulda been a contender"?** _____

5. In **1954, George Bailey** learned about the **value of life.** What is this **wonderfully** touching **movie?** _____

6. She was a popular **model** and **actress** from the **'40s** and **'50s,** and appeared on a **poster** in **The Shawshank Redemption.** _____

7. Which **1960 film** is often regarded as **Hitchcock's masterpiece** and features the famous **shower scene?** _____

1. Answer: *Morocco*
   Joke: Just by the **name** of this **country**, I'd guess **Morocco** prefers **rock concerts** over **country music shows**.

2. Answer: *To Kill a Mockingbird*
   Joke: How **bad** can a **mockingbird** really be? Couldn't you just **wash its mouth** out with **soap** instead of **putting it to death**?

3. Answer: *Lauren Bacall*
   Did You Know: They really had it all.... **Lauren Bacall** was **married** to actor **Humphrey Bogart** for **12 years**.

4. Answer: *On the Waterfront*
   Bonus Boxing Trivia: Some other **big-name contenders** were **Jersey Joe Walcott, Larry Holmes,** and **Muhammad Ali** in **1971**.

5. Answer: *It's a Wonderful Life*
   Joke: *"Every time a bell rings, an angel gets his wings"*.... but that's **not the case** over at the **Pavlov house**.

6. Answer: *Rita Hayworth*
   Joke: In **Shawshank prison,** you could say that **Andy Dufresne** was really <u>digging</u> her poster.

7. Answer: *Psycho*
   Joke: I'm willing to bet that **glass door shower sales** skyrocketed after this **movie**.

Alfred Hitchcock, the mastermind behind Psycho, used watered down Hershey's chocolate syrup for the blood in the infamous shower scene. It was black-and-white film, so the syrup's dark color looked just like blood on screen.... who knew sweet treats could be so terrifying?

8. **Gene Kelly** couldn't **carry a tune** in the **shower,** but he could **sing** in this **weather condition.** _____

9. In **1953, Disney** released this **animated film** that includes **Tiger Lily** and **Tick-Tock.** _____

10. What **1954 Hitchcock film** features a **photographer** who thinks he's **witnessed a murder?** _____

11. If you wanted to see the **1959 movie** with **Cary Grant,** you'd probably need a **compass.** _____

12. What's the **1952 Western film** about a **marshal facing outlaws** arriving **precisely at 12 p.m.?** _____

13. In the **1948 film Key Largo,** who portrays the **war hero** facing off against **gangster Johnny Rocco?** _____

14. What **1955 film** features **James Dean** as a **troubled teenager** navigating the **challenges of adolescence** and **family conflict?** _____

15. In which **Disney film** does a young woman **lose a glass slipper** at a **royal ball?** _____

16. What is the name of **Blanche DuBois's sister** in **A Streetcar Named Desire?** _____

8. Answer: *Singin' in the Rain*
Joke: *MGM Studios* tried, but *failed to cash in* with other movies like.... *Humming in the Hail, Caroling in a Cloudburst* and *Crooning and Monsooning.*

9. Answer: *Peter Pan*
Joke: *Disney* is great at *creating endearing characters*.... they really <u>*hook*</u> you in.

10. Answer: *Rear Window*
Joke: If you were *lucky enough* to have a *station wagon* in the *'70s,* you'd *witness* all kinds of *weird stuff* from that *rear window.*

11. Answer: *North by Northwest*
Joke: I tried to *follow along* with the *plot,* but they totally *lost me.*

12. Answer: *High Noon*
Joke: Back then, *outlaws* may have been *reckless, ruthless,* and *cunning,* but they were *always punctual.*

13. Answer: *Humphrey Bogart*
Actual Definition: <u>*Bogart*</u>: to take an *unfair share* of *something.*

14. Answer: *Rebel Without a Cause*
Joke: There's another *James Dean* who faces the *challenges* of *turning sausage into links* and *breakfast patties.*

15. Answer: *Cinderella*
Joke: Serves her right. Her *podiatrist* had been *warning* her for *years* about the dangers of *wearing glass shoes*.

16. Answer: *Stella*
Joke: Imagine how much *emotional baggage* you could *cram* into a *streetcar* named *Desire.*

17. What *movie* is about a **crazy, crazy, crazy, crazy globe?** _____

18. *Alfred Hitchcock's 1963* suspenseful horror film <u>**soared**</u> to new heights. _____

19. In this *film* set during **World War II, British prisoners** were forced to **build a bridge** over this **river**. _____

20. *Identical twin sisters* tried to **snare** their **mother** and **father** in this *movie*. _____

21. This *song* about a **celestial body** was featured in **Breakfast at Tiffany's**. _____

22. *Cruella de Vil* blew her chance to be **appointed head** of the **SPCA** after her role in this *movie*. _____

23. What *1961 musical* tells the **love story** of **Tony** and **Maria** amid rival gangs in **New York City**? _____

24. In *The Seven Year Itch*, whose **white dress** is blown up by a **subway grate**? _____

25. In this *1955 Disney movie*, what is the **name** of the **street-smart mutt** that **Lady falls in love with**? _____

Page 35

17. Answer: *It's a Mad, Mad, Mad, Mad World*
   Joke: In a **Mad World**, you'd find the **Usual Gang of Idiots**, some **demented ads** and of course.... **Spy vs. Spy**.

18. Answer: *The Birds*
   Joke: While **filming** on the **studio lot**, **stars** driving a **convertible** were asked to put their **tops up**.

19. Answer: *The Bridge on the River Kwai*
   Joke: The **prisoners** built the **bridge**.... but never really understood **Kwai**.

20. Answer: *The Parent Trap*
   Joke: Some **wine**, a full bag of **potato chips**, and a **promise** of a **nap** should be **enough bait** to set a **real parent trap**.

21. Answer: *Moon River*
   Joke: When **River Phoenix** was stuck at a **red light**, his **friends** in the **next car over** would also **moon River**.

22. Answer: *101 Dalmatians*
   Joke: Cruella may have been **evil**, but she was an **excellent fundraiser**. At one event, she **raised 101 donations**.

23. Answer: *West Side Story*
   Did You Know: This **movie** was a modern retelling of **Shakespeare's Romeo and Juliet**.

24. Answer: *Marilyn Monroe*
   Faux Fact: The **Calamine Lotion Company** was approached to **sponsor** this **movie**, but they wanted a **title change first**.

25. Answer: *Tramp*
   Joke: Lady loved **Tramp** so much that she **got his name tattooed** on her **paw**, creating the very **first tramp stamp**.

Hall of Heroes

Time to celebrate boomer-era heroes.... the cowboys, caped crusaders, and secret agents who made us believe in justice and gadgets in briefcases. Let's see if you remember their feats or need a memory sidekick!

1. This **patriotic superhero,** created during **WWII,** carries a **shield.**
   _____

2. What **guy** was **raised by apes, lived in the jungle,** and **protected the animals?** _____

3. Set in **1936,** this daring **archaeologist,** was known for his **bullwhip** and deep-seated **fear of snakes.** _____

4. Who is the **masked vigilante** known for **defending the people** of **California** during the **Spanish colonial period?** _____

5. Which **character** saved his **buddy Piglet** from a **flood** in the **Hundred Acre Wood.** _____

6. Who flew an **invisible jet** and carried the **Lasso of Truth?**
   _____

7. Who led the **U.S. Navy** during **WWII** and helped **establish NATO?** (*Hint:* It's also a **class of aircraft carriers.**) _____

1. Answer: *Captain America*
   Joke: *Captain America* seems *important enough* that he should be *promoted* to *General America*.

2. Answer: *Tarzan*
   Joke: He was a *real swinger* too, but not in the *1960s* and *1970s* sense of the *word*.

3. Answer: *Indiana Jones*
   Bonus Trivia: *Indiana Jones* had to *run for his life* at what *concert? The Rolling Stones.*

4. Answer: *Zorro*
   Joke: At *Brinks Security, Zorro* was *employee of the month* for *seven months straight*.... thanks in large in part to always being *en garde*.

5. Answer: *Winnie the Pooh*
   Joke: Tired of the *awful smell, Piglet's mom* put an end to her son *playing with Pooh*.

6. Answer: *Wonder Woman*
   Joke: *Walking* into a *trailer hitch* is nothing compared to the *excruciating pain* of *running* full speed into her *invisible jet*.

7. Answer: *Admiral Chester W. Nimitz*
   Might Be True: Growing up, the *admiral* was *quite agile* and *could do anything.* His friends would say, *"Nimble Nimitz has no limits".*

Winnie the Pooh was inspired by a real bear named Winnipeg, or "Winnie," who was a popular attraction at the London Zoo in the 1920s. A.A. Milne, the creator of Pooh, took his son Christopher Robin to the zoo, where Christopher Robin named his teddy bear after Winnie.

8. The *Mystery Inc. gang,* which includes *Scooby-Doo,* drove this *vehicle.* _____

9. This *brilliant detective* solves crimes with his *partner, Dr. Watson.* _____

10. He'd *rob from the rich* and *give to the poor.* Who was he? _____

11. Who was the *British Prime Minister* during most of *World War II,* known for his *inspiring speeches?* _____

12. Who was the *captain in space* who *saved his ship and crew* countless times? (*Hint:* His *middle name* was *Tiberius.*) _____

13. This *superhero* appeared in *1963* with a *metal suit* that could even fly. _____

14. In *1955, Superman's loyal canine companion* made his first appearance What's the *name* of his *dog?* _____

15. This *Queen of Soul* earned __respect__ in the *music industry* and was a *role model* to many. _____

16. This *big-eared animal* showed *protective instincts* for his *friends* and his mother, *Mrs. Jumbo.* _____

8. Answer: *A van called the Mystery Machine*
    Joke: *Shaggy* would always carry some *dog waste bags* in case of a *Scooby-Doo.*

9. Answer: *Sherlock Holmes*
    Joke: After *Watson* solved the *stolen tobacco case*…. he gloated to *Sherlock,* saying, "*Put that in your pipe and smoke it.*"

10. Answer: *Robin Hood*
    Joke: *Robin* settled down with *Maid Marian,* and together they opened a *flower shop* called the *Sherwood Florist.*

11. Answer: *Winston Churchill*
    Joke: *Winston's mom* almost married *Robert Louisum*…. she was lucky because you…. *Winston Louisum.*

12. Answer: *Captain James Tiberius Kirk*
    Joke: *Captain Kirk's arch-enemy* offered an *evergreen of peace*…. it was considered the *Wreath of Khan.*

13. Answer: *Iron Man*
    Partially True Fact: When *Tony Stark* washes his *Iron Man suit,* it comes out *Downey soft.*

14. Answer: *Krypto*
    Joke: *Superman's dog* sniffed out the *largest hoard* of *stolen money*…. it later became known as *Krypto's currency.*

15. Answer: *Aretha Franklin*
    Did You Know: *Aretha* was in the *Rock and Roll HOF,* won *18 Grammys,* and *struck a chord* with many *musicians.*

16. Answer: *Dumbo*
    Joke: When *Dumbo* brings up something *uncomfortable* or *taboo,* it's considered the *Homo Sapien in the room.*

17. *Charles Lindbergh* was a hero for his **transatlantic flight** well into the **'30s** and **'40s**. What was his **plane** called? _____

18. *Albert Schweitzer* won this **prize** in **1952** for his **humanitarian efforts?** _____

19. He was the first **African American Supreme Court Justice**, and from what I gather…. was <u>**thoroughly** good</u>. _____

20. *Underdog* usually comes to **save the day** for his **love interest**. Who is she? _____

21. *Bob Keeshan* played what **beloved character** who had a **sidekick** named **Mr. Green Jeans?** _____

22. This **woman** famously **refused** to give up her **bus seat**, sparking the **Montgomery Bus Boycott.** _____

23. In *October 1959, Hal Jordan* became a **green beacon** of hope for **society**. Who was he? _____

24. *Billy Batson* transforms into the powerful **Captain Marvel** by saying the **word….** _____.

25. Who **catches thieves** just like **flies**, has **radioactive blood**, and **swings from a thread?** _____

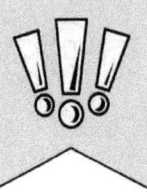

17. Answer: *The Spirit of St. Louis*
   Joke: When flying **extremely high, Charles's** would get a **mean disposition**…. but it was just a **<u>bad</u> <u>altitude</u>**.

18. Answer: *Nobel Peace*
   Did You Know: **Albert** was a **theologian, philosopher,** and **physician,** who improved **healthcare in Africa.**

19. Answer: *Thurgood Marshall*
   Joke: As a **Supreme Court Justice,** you never wanted to be on **Thurgood's <u>bad</u>** side.

20. Answer: *Sweet Polly Purebred*
   Nostalgic Quote: "Thanks, **Shoe-Shine Boy**, you're **humble and lovable…. bless you sir.**"

21. Answer: *Captain Kangaroo*
   Joke: If Bob became an **appellate judge,** would he hold a **kangaroo court?**

22. Answer: *Rosa Parks*
   Did You Know: **Rosa Parks** was a **seamstress** and an **active member** of the **NAACP**…. she also received the **Congressional Medal of Honor** in **1999.**

23. Answer: *The Green Lantern*
   Joke: I didn't get the **answer,** but the **Green Lantern** had a **familiar <u>ring</u>** to it.

24. Answer: *Shazam*
   Joke: **Gomer Pyle** said that **word** and found himself in the **U.S.M.C.**

25. Answer: *Spider-Man*
   Joke: After one too many **class-action suits, Peter Parker** returned to being a boring old **web designer.**

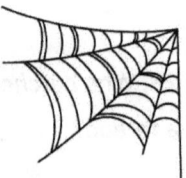

Game On

Step into the golden age of games, where Monopoly sparked feuds, Twister tested flexibility, and marbles ruled. Let's see if you're a trivia master or if you're just here to roll the dice and hope for the best!

1. In which **sweet board game** would you find **King Kandy, Queen Frostine,** and **Mr. Mint?** _____

2. What's the **term** for using all **seven tiles** in **Scrabble?** Give this some thought **B4** your answer. _____

3. How many **cards** does each **player** start with in a **standard game of War?** _____

4. What **popular toy** was originally called the **Pluto Platter** before being **renamed** in **1957?** _____

5. This **board game** with **chutes** wouldn't be **much fun** without a **climbing tool.** _____

6. This **game** tells us, **"Don't touch the sides,"** or **bzzzzztt.** _____

7. What **game** involves **acting** out a word or phrase **without speaking,** while others **try to guess** what it is? _____

1. Answer: *Candyland*
    Joke: Before moving to **Candyland,** we tried **Carbville, Tacotown,** and **Häagen-Dazs Island**

2. Answer: *Bingo*
    Joke: Alcohol isn't served at **bingo anymore....** mistakenly calling out **B52** would get **people bombed.**

3. Answer: *26 Cards*
    Did You Know: The **Guinness Book of World Records** lists the longest **game of War** at **170 hours....** that's over **7 days.**

4. Answer: *Frisbee*
  Deep Thought: A **boomerang** is for a **frisbee player** with **no friends.**

5. Answer: *Chutes and Ladders*
    Joke: Once you turn **50,** you automatically **become** more of a **chute person.**

6. Answer: *Operation*
    Joke: If the **game of Operation** had **dead batteries,** would that be considered an **autopsy?**

7. Answer: *Charades*
    Joke: You're pretty much a **goner** if you're **choking** or having a **heart attack** during **charades.**

Did you know that Chutes and Ladders is based on an ancient Indian game called Snakes and Ladders? Originally, it was designed to teach kids about karma, with the ladders symbolizing virtues and the snakes representing vices. The game is said to be invented sometime between 1200-1300 AD!

8. This **outdoor game** involves trying to **"seize the banner"** of the other team. _____

9. What **party game** has couples **answering questions** to see who knows their **partner best?** _____

10. What **1960's game** involves trying to get **insects** in a **pair of britches?** _____

11. In this **classic board game,** players **navigate milestones** like **college, career,** and **family…** plus, **Mikey** likes it! _____

12. I guess in this **card game,** you could **go cod, go tuna,** or even **go salmon.** _____

13. Let me give you a **clue….** in this game, you **deduce** the **killer, weapon,** and **location** of a **murder**. _____

14. This **game** reminds me of **Stratego** but with more exposure to **danger, harm,** or **loss.** _____

15. What **game** involves **players** trying to **touch each other** while **running?** _____

16. **Chain-linked hands** were the only thing **separating** you from the **other side** in this popular **recess game,** as you were **"sent on over"**. _____

8. Answer: Capture the Flag
Joke: When I play **capture the flag,** the first thing I do is **grease our flagpole.... good luck** with that.

9. Answer: The Newlywed Game
Bonus Trivia: Who was the **original host** of **The Newlywed Game? Bob Eubanks**

10. Answer: Ants in the Pants
Joke: A whole **colony of ants** decided to **build a nest** in some old **asbestos....** now they're **fire resist-ants.**

11. Answer: The Game of Life
Joke: No chance for **parole** is just another **game of life.**

12. Answer: Go Fish
Definition: <u>**Go Fish**</u>: The **action** of a **gilled vertebrate** at a **green light.**

13. Answer: Clue
Bonus Trivia: Who's missing? **Scarlet, Plum, Peacock, Green, White,** and _____? **Mustard**

14. Answer: Risk
Joke: Vegans are always full of **risk....** anytime they're around **meat,** they're **lives** are at **steak.**

15. Answer: Tag
Joke: Eskimos were the **first to morph** the game into **freeze tag.**

16. Answer: Red Rover
Joke: Modern-day chiropractic care was **born** from sending **Rover right over.**

17. What *game* uses *yes-or-no questions* to *identify an object?* You even get *19* more tries. _____

18. As you *navigate* around this *board game*, you can be pretty *ruthless* and not very *apologetic*. _____

19. What *classic card game* involves *forming melds* and can be played with *two decks?* _____

20. In *Hide-and-Seek,* what *phrase* is used after *counting* to indicate the *start of the game?* _____

21. This *game* is a *reverse hide-and-seek* where *one person* hides, and the *others seek* until everyone *squeezes in*. _____

22. This *game* where you *boot a cylindrical container* really doesn't seem *fun to me*. _____

23. If you took a *ride* on the *Reading Railroad*, you'd be playing this *game*. _____

24. What *card game* goes great with *gin?* _____

25. You'd definitely be a *top gun* if you could guess this *kids' game*….Mallard, Mallard…. Maverick. _____

17. Answer: *20 Questions*
   Joke: When my **kids** were young, they'd play a **speed round** of **90 questions.**

18. Answer: *Sorry*
   Joke: My wife would **hide her jewelry** in this **game's box**.... I think she needs a **better <u>safe</u> than sorry.**

19. Answer: *Canasta*
   Joke: If one of those **decks** was **really large,** that'd be a **big deal.**

20. Answer: *Ready or not, here I come.*
   Deep Thought: In **Hide-and-Seek,** good players are **hard to find.**

21. Answer: *Sardines*
   Joke: In the game **Sardines,** you'd need to hide in a **large metal can** to be able to really **pack 'em in.**

22. Answer: *Kick the Can*
   Joke: Kicking the can is fine, but moving on to **kicking the bucket** is definitely **not advised.**

23. Answer: *Monopoly*
   Joke: I guess after the **Reading Railroad** comes the **Writing Steamship,** and then the **Arithmetic Zeppelin.**

24. Answer: *Rummy*
   Joke: If you meet a **wrapped corpse** who's **bad at cards**.... it's probably a **mummy crummy at rummy.**

25. Answer: *Duck, Duck, Goose*
   Joke: If a **mallard** were about to get **hit in the head**.... yelling **"Duck!"** probably wouldn't **convey the urgency.**

Tasty Times

Time to dig into boomer food history.... when TV dinners were gourmet, fast food was a treat, and cereal mascots ruled the day. Let's see if you remember these tasty trivia bites or if you're still hunting for the prize in the cereal box!

1. This **slippery appendage candy bar** came out in **1923** but really gained popularity in the **'40s.** _____

2. This isn't a **crock,** but the **first franchise restaurant** of this **giant chain** opened in **Des Plaines, IL, in 1955.** _____

3. Which **dessert,** made with **whipped cream** and **gelatin,** became popular in the **1950s?** _____

4. **Uh-oh....** this **pre-cooked pasta** and **sauce** came in a **can,** and occasionally you'll find a **few meatballs.** _____

5. This **naval person** somehow had a **knack** for making **crispy cereal.** _____

6. This **diabolical pork product** is delicious as a **sandwich filling** or as a **dip.** _____

7. This trend **rolled out** in the **1950s** and involved cooking **entire meals** in a **single dish.** _____

1. Answer: *Butterfinger*
   Joke: If you have **butterfingers,** guard that **middle one** closely…. it can **escalate trouble** quickly.

2. Answer: *McDonald's*
   Did You Know: 75 hamburgers are sold **every second** of **every day**…. the poor **Hamburglar** must be **exhausted.**

3. Answer: *Jell-O*
   Definition: Jell-O: The **letter** in the **Collagen Alphabet** that follows **Jell-N** and precedes **Jell-P.**

4. Answer: *SpaghettiOs*
   Deep Thought: SpaghettiOs are a lot like **life**…. occasionally, you'll **run across** a **few meatballs.**

5. Answer: *Cap'n Crunch*
   Joke: Good thing he didn't **invent oatmeal**…. **"Cap'n Softy"** doesn't sound very **masculine.**

6. Answer: *Deviled Ham*
   Joke: But honestly, when it comes to **pork, Angelic Bacon** is simply **divine.**

7. Answer: *Casserole*
   Joke: I refuse to **bring casserole** to any more **poker games**…. it has too much **potluck.**

Cap'n Crunch's full name is Horatio Magellan Crunch, and he's supposedly from Crunch Island, located in the Sea of Milk. He's been sailing the sugary seas since 1963, and despite being called "Cap'n," his uniform only has three stripes…. technically making him a Commander, not a Captain!

8. This popular *frozen food brand,* known for its *TV dinners,* debuted in *1954.* _____

9. If you were *tending a flock,* you'd love this mix of *meat, vegetables,* and *starch.* _____

10. They say *"real men don't eat"* this *savory pie* made with *pastry crust, eggs,* and various *other ingredients.* _____

11. In *1947, Raytheon* invested beaucoup *money* in this *type of oven* only to *melt butter* and *cook popcorn faster.* _____

12. In *1942, rationing* allowed *each person* to receive *8 ounces* of this *each week.* _____

13. This *classic comfort food* is just *spuds* in a *cream sauce,* and shares part of its *name* with a *shellfish.* _____

14. *Angel food cake* gets its *light* and *airy texture* by beating up this *clear liquid.* _____

15. In the *'60s, Olive Oyl* recommended this *vegetable* for *salads and casseroles,* calling it a *superfood.* _____

16. What is the *name* of the *popsicle* featuring a *red, white,* and *blue design?*

_____

Page 51

8. Answer: *Swanson*
Joke: If your **oven broke** while watching **Elsa, Anna,** and **Olaf,** you might be having a **freezing Frozen frozen dinner.**

9. Answer: *Shepherd's Pie*
Joke: Be careful not to <u>**wolf**</u> **down** your **shepherd's pie.**

10. Answer: *Quiche*
Joke: If you **overuse** the phrase **"real men don't eat this,"** wouldn't that be a bit **quiché?**

11. Answer: *Microwave Oven*
Did You Know: In **1945, Percy Spencer** discovered that **microwaves** directly **heat food** instead of the **air around it.**

12. Answer: *Sugar*
Joke: If the **government** ever has to **ration chitlins,** I'll gladly **give up my share** to help the **cause.**

13. Answer: *Scalloped Potatoes*
Joke: I've been trying to make a **scalloped potato joke,** but it just ends up **too cheesy.**

14. Answer: *Egg Whites*
Joke: Much like that **angelic bacon, angel food cake** is also **heavenly….** too bad **gluttony is a sin.**

15. Answer: *Spinach*
Faux Quote: "I'll gladly pay you **Tuesday** to **dispose** of my **spinach today.**"

16. Answer: *The Bomb Pop*
True Fact: I call a **red, white,** and **blue popsicle….** a **ruined shirt.**

17. What **animal** took only **three licks** to get to the **center** of a Tootsie Pop? _____

18. In the **'50s,** this was always **served with meatloaf**....and **Randy** from **A Christmas Story** also ate it **like a pig.** _____

19. This **blended drink** is usually made **better** with **malt powder**. _____

20. **Marijuana** had nothing to do with this **pie** filled with **meat** and **veggies**. _____

21. This **fast food chain** is known for its **root beer** and **burgers**. _____

22. These types of **cakes,** often **soaked in alcohol,** were usually given as **Christmas gifts.** _____

23. His **mother** called him **"Messy Joseph"** when he made his **ground beef sandwich** with **onions** and **tomato sauce.** _____

24. You'd get these if you **rolled Snap, Crackle, and Pop** in **marshmallow.** _____

25. In **1962,** this **prickly fruit** appeared on **pizza** and has caused **decades of controversy.** _____

17. Answer: *A Wise Old Owl*
    Joke: In that **famous commercial,** I thought that **animal** was a **wise old jerk.**

18. Answer: *Mashed Potatoes*
    Joke: Do you know who **always** served <u>**Meatloaf**</u>**?** Marvin Lee Aday's wife.

19. Answer: *Malted Milkshake*
    Joke: Sometimes a **milkshake** is **so good,** it becomes **legend-dairy.**

20. Answer: *Pot Pie*
    Joke: Remember to **cook** this at a **low temp**, not on **high**.

21. Answer: *A&W*
    Joke: Every time I think of their **root beer floats,** my stomach goes…. **Awww!**

22. Answer: *Fruit Cake*
    Joke: Most **fruitcakes** get **regifted**…. I once got one with a **tag** that read….**"To My Merry Men, From Robin Hood".**

23. Answer: *Sloppy Joe*
    Joke: I heard **Dolly Parton** only uses **non-fat beef**…. she calls them **Sloppy Jo Leans.**

24. Answer: *Rice Krispies Treats*
    Joke: Now that I'm **almost 60**…. **snap, crackle, pop** is what I hear every **morning** when I'm **rolling out of bed.**

25. Answer: *Pineapple*
    Joke: My wife burned the **pineapple upside-down cake.** I kept telling her to use <u>**aloha** temperature</u>…. but she doesn't listen.

Retro Toons

Time to step into the wacky world of cartoons.... where anything is possible and punchlines come faster than Road Runner! Let's see if you're ready for the classics or if you've been left in the dust!

1. What **Looney Tunes rabbit** enjoys questioning **doctors?** _____

2. What's the **name** of the **town Fred Flintstone** lives in? _____

3. This **cartoon series** featured a segment called.... **Fractured Fairy Tales.** Here's a hint...."wink wink". _____

4. What **company** made a **fortune** off all those **Wile E. Coyote purchases?** _____."

5. What **canine character,** known for his **Southern drawl** and **blue coat,** often finds himself in **humorous situations?** _____.

6. Which **series** features a **dog named Astro** and a **futuristic family** living in **Orbit City?** _____

7. This **tiny critter** with **superpowers** would always **come to save the day.** _____

1. Answer: *Bugs Bunny*
   Joke: When **Bugs** accidentally got **beamed** aboard the ***USS Enterprise,*** his first question was…. *"What's up Spock?"*

2. Answer: *Bedrock*
   Joke: At the **Flintstones'**, we had to **sign a waiver** for our **kids** to have a **sleepover pillow fight.**

3. Answer: *The Rocky and Bullwinkle Show*
   Joke: <u>**Fractured**</u> **Fairy Tales** had quite a <u>**cast**</u>.

4. Answer: *Acme Corporation*
   Joke: **Wile E. Coyote** should be a **social media influencer**…. everything he touches seems to **blow up.**

5. Answer: *Huckleberry Hound*
   Joke: Because of his **great sense** of **humor**, his **friends** refer to him as **Chuckleberry Hound.**

6. Answer: *The Jetsons*
   Joke: If their **dog** studies the **properties** and **behaviors** of **celestial objects**…. he might be an <u>**astrophysicist.**</u>

7. Answer: *Mighty Mouse*
   Joke: If your **computer mouse** points to **bad words,** it's probably a **cursor!**

Wile E. Coyote's relentless pursuit of the Road Runner is so iconic that it even has its own "rules" for comedy. Creator Chuck Jones outlined 9 rules for the cartoon, like Wile E. must always be more humiliated than harmed, and all his gadgets (from Acme, of course) must backfire spectacularly.

8. Which **animated character** often says, **"Hey, Boo-Boo!"** while trying to **steal picnic baskets** in **Jellystone Park?** _____

9. What is **Atom Ant's catchphrase** when he's about to **spring into action?** _____

10. This **racer** had a **car** named **Mach 5** and a **monkey** named **Chim-Chim.**
_____

11. The **villain** from **Deputy Dog** is a **muskrat** named _____ ?

12. Who is **Ricochet Rabbit's sidekick** who just <u>hangs</u> around?
_____

13. This **character** was the **swingingest alligator** in the **swamp.**
_____

14. What's **Bullwinkle's catchphrase** that references the **Italian Stallion?**
_____

15. <u>Hay,</u> what type of **animal** is **Quick Draw McGraw?** _____

16. Dudley Do-Right's main adversary is a **guy** who probably got **rear-ended.** What's his **name?** _____

8. Answer: *Yogi Bear*
   Joke: *Scientists* tried to *clone Yogi,* but they made a *mistake....* actually it was a *Boo-Boo.*

9. Answer: *Up and at 'em!*
   Fake Fact: If an *ant sinks,* it's a *girl ant....* if it *floats,* it's a *buoyant.*

10. Answer: *Speed Racer*
   Joke: His *monkey* was *always happy....* you might even say he was *"Chim Chim Cher-ee."*

11. Answer: *Musky*
   Joke: *Musky* was totally *infatuated* with *Toni Tennille....* it was *"Muskrat Love".*

12. Answer: *Deputy Droop-a-Long*
   Joke: At the end of a *long day, Deputy <u>Droop</u>-a-Long* just wants to *chill* and <u>*hang low*</u>.

13. Answer: *Wally Gator*
   Joke: It was actually *Wally's* best friend, *Tarzan,* who taught him to be the *swingingest alligator.*

14. Answer: *"Hey, Rocky! Watch me pull a rabbit out of my hat."*
   Joke: Clocked at *32 mph* over the *speed limit, Bullwinkle* was lucky to get off with just a *moose-demeanor.*

15. Answer: *A Horse*
   Joke: *Quick Draw* may be a *bumbling sheriff,* but he *excels* in his other *role* as a *police sketch artist.*

16. Answer: *Snidely Whiplash*
   Joke: *Dudley Do-Right* could never be a *NASCAR racer....* the *drivers* are always *turning left.*

17. *Lippy Lion's best friend* and *sidekick* is *Hardy Ha Ha*. What type of *animal* is he? _____

18. What are the *names* of the *two chipmunks* who are always getting into *mischief*? _____

19. Who is the *bumbling detective* always trying to *catch* the *Pink Panther*? _____

20. This *gorilla* was trying to find a *loving home* and he had a *little monkey friend* named *Ogee*. _____

21. This *amicable ghost* had *uncles* named *Fatso, Stinkie,* and *Stretch*. _____."

22. Who's the *penguin* that says…."Phineas J. Whoopee, you're the greatest"? _____

23. This *pink mountain lion* would always say…. "Heavens to Murgatroyd!" (*Hint:* It's not the *Pink Panther*.) _____

24. What type of *animal* is *Jerry* in the *Tom and Jerry* series, which originally ran for *27 years*? _____

25. Who originally voiced *Woody Woodpecker* before working exclusively for *Looney Tunes* and *Merrie Melodies*? _____

17. Answer: *A Hyena*
Joke: Obviously, **Hardy Ha Ha** wasn't allowed to attend any **funeral services** or **weddings**.

18. Answer: *Chip and Dale*
Joke: Sadly, **Dale's** relationship with **Chip** went **stale**.

19. Answer: *Inspector Clouseau*
Did You Know: **The Pink Panther** was actually a **flawed diamond**, and **Peter Sellers** played **Inspector Clouseau** in the **1963 film**.

20. Answer: *Magilla Gorilla*
Joke: **Ogee** accidentally **spilled** a whole bucket of **purple paint** on **Magilla**, turning him into a **grape ape**.

21. Answer: *Casper*
Joke: Brake check **Casper** on the **highway**, and you'll see his **unfriendly side**.

22. Answer: *Tennessee Tuxedo*
True Statement: A **flamingo** loves the **heat**, but a **penguin** is the **polar opposite**.

23. Answer: *Snagglepuss*
Deep Thought: What was **happening** in the **early '60s** that led to the **creation** of **two pink lions**?

24. Answer: *A Mouse*
Joke: As a **homeowner**, after about a **year** of **Tom's incompetence**, I would have simply **hired Terminix** and **called it a day**.

25. Answer: *Mel Blanc*
Joke: **Lesson learned** about using a **tomcat**.... I immediately called **Terminix** again and also got rid of that **pesky woodpecker**.

Word Jaunt

Welcome to the World of Word Jaunt! We've turned wordplay into an art form and trivia into a workout for your brain. Let's see if you're sharp enough to crack these questions or if you'll be reaching for a hint!

1. In our **Word Jaunt books,** we love to bring back **nostalgic references** to really help do this to your **memory.** (Hint: **a slow run**) _____.

2. Our first attempt at a **trivia/joke book** is called **Better Trivia From Better Days,** and it has **(75 x 8 - 100) questions.** How many **questions** is that? _____

3. To find our **word search book** that takes you from **start to finish** on a **3-day cruise,** simply visit our **website.** What would you **type after Wordjaunt** to get there? _____

4. Allie and **I** create **fun puzzle books** designed to **stimulate** this **organ of the central nervous system,** otherwise known as **what?** _____

5. In our **last book,** I learned what a **Quick Response** code was. What's a **shorter name** for it? (**By the way....** try using **this one** and see what **magical place** it takes you to.) _____

6. In our **"4 Days in Vegas" activity book,** a **husband** surprises his **wife** for her **half-century birthday,** and they **explore** the **top Vegas highlights.** How **old** is **his wife** going to be? _____

7. If you go on **Amazon,** you can leave a **book review** and give a **top rating** of **5** of these **celestial, luminous balls of gas.** What are they? _____

1. Answer: *Jog*

Little White Lie: Read a few pages of *Word Jaunt* every day at *dawn,* and you can *tell your doctor* you're *jogging* every *morning.* You might even get a *pat* on the *back.*

2. Answer: *500 questions*

Did You Know: In *Better Trivia From Better Days,* there are *no* math questions.... *hip hip hooray!*

3. Answer: *.com*

What a Deal: For less than *$12,* you can enjoy a *fantasy getaway....* though I may have *forgotten to mention,* it also comes with *your kids.*

4. Answer: *The Brain*

Deep Thought: Once the *doctor starts* the *brain transplant,* it's too late to *change your mind.*

5. Answer: *QR Code*

Joke: As you get *older,* a *few things* require a *quicker response....* *yellow lights,* a *full bladder* and *any early bird special.*

6. Answer: *50 years old*

Did You Know: *"4 Days in Vegas"* is basically a *real itinerary* you can follow, with *actual places* and *insightful information* integrated throughout the *book.*

7. Answer: *Stars*

From the Heart: *Allie and I* truly hope you *enjoy this book.* And hey, you really don't need to *leave us* a *glowing review.* (This is my *reverse psychology tactic.*)

The writers at Word Jaunt love to sneak in playful, shameless plugs in the middle of every book! While you're busy solving puzzles and quizzes, you might stumble upon a quirky self-promo or some psychological warfare. Keep in mind, it's just part of the fun that keeps readers entertained and on their toes.

What's Up Doc

Dive into the era of bold science and quirky cures.... where breakthroughs amazed and some ideas left us scratching our heads. Let's see if you can ace this quiz or if you'll need a dose of retro knowledge to pull through!

1. In *1953, James Watson* and *Francis Crick* discovered the *double helix,* a key *structure* in what *molecule?* _____

2. What *secret atomic bomb project* was named after a *borough* of New York? _____

3. *1954* was the year of the first *successful organ transplant* of this…. and I'm not even *kidding.* _____

4. *Jonas Salk* did not invent this *vaccine* for *people riding horses* with *long mallets.* _____."

5. In the *1940s,* what *product* was heavily *advertised* as a *cure for halitosis,* a *condition* commonly known as *bad breath?* _____.

6. A *veterinarian* did not invent this *1950's medical imaging technique.* _____

7. *Abbott and Costello* would have loved this *major health organization* founded in *1948.* _____

1. Answer: *DNA*
    Joke: If you win **Powerball**, take a **DNA test ASAP** so you'll know whose **call to avoid**.

2. Answer: *The Manhattan Project*
    Joke: The Globetrotters also named their **secret project** after a **neighborhood** in that **same borough**.

3. Answer: *Kidney*
    Joke: I believe the first successful **organ transplant** occurred in **1944** when **our church** moved the **pipe organ** to a bigger **church without incident**.

4. Answer: *Polio Vaccine*
    Did You Know: Jonas Salk tested his **experimental vaccine** on **himself, his wife,** and **his three sons** in **1953**.

5. Answer: *Listerine*
    Joke: Listerine has been **saving the world** from **near-breath experiences** since **1879**.

6. Answer: *A CAT Scan*
    Joke: For some strange reason, **CAT scan operators** always end their **shift dog tired**.

7. Answer: *WHO (World Health Organization)*
    Joke: If **WHO's on first** and **NASA's on second,** and I don't **NATO's on third**.

The first CAT (or CT) scan on a patient was performed in 1971, and it took hours to process the images! Early machines could only scan heads, and the technology was so revolutionary it earned its creators a Nobel Prize in Medicine in 1979.

8. No *pressure,* but what does a *sphygmomanometer measure?* _____

9. Your *dentist* probably *chews you out* for not using this *waxed* or *unwaxed product.* _____

10. This question *stinks,* but what does *CABG* stand for? _____

11. This is the *top brass* and *leading spokesperson* on *public health issues.* _____

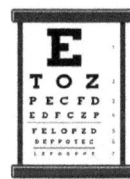

12. In the *'60s,* a *soft version* of these was created to *replace glasses.* _____

13. *Johnson & Johnson* marketed this *acetaminophen* as a *pain reliever* in the *1950s.* _____

14. To reduce *tooth decay,* what was *introduced* into *public water supplies* in *1945?* _____

15. In the *1940s,* this *treatment* was introduced to *kill cancer cells* and *stop their growth.* _____

16. What type of *medicine* uses small amounts of *radioactive material?* _____

8. Answer: *Blood Pressure*
   Joke: My **blood pressure** rose just trying to **pronounce that word.**

9. Answer: *Dental Floss*
   Joke: I tell my **dentist** that I **floss religiously,** but it's usually only right before **church.**

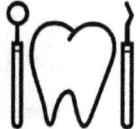

10. Answer: *Coronary Artery Bypass Grafting*
   Joke: What **stinks more** than trying to **guess** this is…. **actually having it.**

11. Answer: *The Surgeon General*
   Joke: This **title of rank** seems a **bit made up**…. so from now on, I **dub** myself the **Writing Czar.**

12. Answer: *Contact Lenses*
   Joke: Someone put **ketchup** in my **contact lens case**…. then **stupid me** put them in. But I'm not too **upset,** they say **Heinz sight is 20/20.**

13. Answer: *Tylenol*
   Joke: It's hard to **figure out** which **Johnson** gets **top billing** in this **company.**

14. Answer: *Fluoride*
   Joke: Why couldn't they have **introduced** something **fun** like the **fizzy lifting drink** from **Willy Wonka?**

15. Answer: *Chemotherapy*
   No Joke: In the **U.S., 650,000 people** receive **chemotherapy** each year, with **$6 billion** spent on **cancer research.**

16. Answer: *Nuclear Medicine*
   Joke: I don't think I would've **raised my hand** to be **patient zero** for that **trial.**

17. What **act** was **passed in 1963** aimed at **air pollution control?** _____

18. **Cupid** was not around in **1967** to perform the **first transplant** of this. _____

19. The **'50s** had breakthroughs in **antipsychotic medications** to help treat this **health disorder**. _____

20. What **synthetic material,** introduced in the **1930s,** replaced **natural bristles** on **toothbrushes?** _____

21. This over-the-counter **cough medicine** helps you get your **ZZZs.** _____

22. The harmful pesticide **Dichlorodiphenyltrichloroethane** is better known as these **three letters.** _____

23. What **mold-related antibiotic** was **mass-produced** for **World War II** and became a **game-changer** in **medicine?** _____

24. I am **stuck on** _____ **brand** 'cause _____ 's stuck on me!

25. This **company** has made a **COVID vaccine, Lipitor,** and of course, **Viagra.**

_____

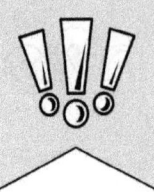

17. Answer: *The Clean Air Act*
   Joke: When my **kids were little,** I passed the **Clean Room Act.**

18. Answer: *Heart Transplant*
   Deep Thought: If **Cupid's aim** was off and you got **hit in the butt**, could you expect a **crappy love life?**

19. Answer: *Mental Health Disorder*
   Something Positive: In large part due to **COVID,** about **70%** of **mental health professionals** now offer **teletherapy.**

20. Answer: *Nylon*
   Joke: **Nylon** also replaced the **natural skin** on **women's legs.**

21. Answer: *Nyquil*
   Joke: After taking **Nyquil at night,** even my **dream** about the **morning commute** was **congestion-free.**

22. Answer: *DDT*
   Joke: Here are some other **potentially unhealthy abbreviations....TNT, DUI, STD, FBI,** and **IRS.**

23. Answer: *Penicillin*
   Joke: **Big Pharma** wants you to think **Penicillin** only costs **one cent,** but it's more like **Dollacillin.**

24. Answer: *Band-Aid*
   Faux Fact: When **Curad** introduced their **cloth sticky bandages, Band-Aid** felt like they had just been <u>**ripped off**</u>.

25. Answer: *Pfizer*
   PSA: **Stealing** even one **Viagra** can have **serious consequences....** you might just end up a **hardened criminal.**

Old Ho Ho Hos

Step into a vintage Christmas, where aluminum trees sparkled and Santas waved from every corner. Let's see if you remember these classic trends or if you're still untangling last year's lights!

1. Which **beloved character** had **Animagic friends** named **Clarice, Hermey,** and even the **Bumble?** _____

2. This **metallic Christmas tree accessory** has declined in use due to **fire hazard concerns.** _____

3. Back in **1955, NORAD** started the **Santa Tracker** to give updates on his **location.** What does **NORAD** stand for? _____

4. What **tradition** involves going to **sing Christmas songs** in **public** or **door to door?** _____

5. What were **Frosty's first words** when the **hat** brought him to **life?** _____

6. The **red-suited, white-bearded, jolly Santa Claus image** we picture today is largely due to this **soda company's holiday advertising.** _____.

7. What's the **title** of the **song** from **1945** that includes the line **"chestnuts roasting on an open fire"?** _____

1. Answer: *Rudolph the Red-Nosed Reindeer*
  Joke: At first, **Rudolph's** lesser-known sibling, **Randy the Brown-Nosed Reindeer,** wasn't exactly **Santa's favorite** either.

2. Answer: *Tinsel*
  Joke: Diehard fans of **tinsel** now hang **metal forks** and **spoons** from the **tree**.... they call them **utinsels**.

3. Answer: *North American Aerospace Defense Command.*
  Joke: Using our **defense technology** to track an **imaginary target** is a perfect use of our **tax dollars.**

4. Answer: *Caroling*
  Joke: I thought **caroling** could only be done by a **King, Brady, Channing,** or **Burnett.**

5. Answer: *Happy Birthday*
  Joke: After the **unpopular Frosty Returns, Frosty** was forced to take a job **"icing" doughnuts,** where he excelled.... **obviously.**

6. Answer: *Coca Cola*
  Deep Concern: Restaurants are always asking, **"Is Pepsi okay?"** I'm wondering if **someone** should just **pop over** and give **Coca-Cola** a **wellness check.**

7. Answer: *The Christmas Song*
  Joke: All I know is that if **Jack Frost** were **nipping at my nose,** he'd be getting a **snootful of mace** and a **black eye.**

The NORAD Santa Tracker began by mistake in 1955 when a misprinted phone number in a department store ad directed kids to the Continental Air Defense Command instead of Santa. The staff answered and gave updates, and a tradition was born, that continued when NORAD was formed in 1958.

8. This **dangerous Christmas tradition** involved putting **lit** _____ in the **windows**.

9. **Bob Cratchit** worked at an **accounting firm** in **London** for this **person**. _____

10. This **Christmas tradition** has practically **disappeared,** probably because a **stamp costs 73 cents.** _____

11. In **1956, Elvis** was having a very **sad, gloomy,** and **sorrowful holiday** in this **song**. _____

12. What do you call **decorative ornaments** that contain a **scene** or **landscape** and are filled with **water** or **glycerin?** _____

13. This **popular ballet** has now become a **cherished Christmas tradition.**
_____

14. What comes between **three hens** and **five golden rings?** _____

15. What type of **BB gun** did **Ralphie Parker** want for **Christmas?** _____

16. Before **Madonna** and **Ariana Grande,** this original **Catwoman** was the first to record **Santa Baby.** _____

8. Answer: *Candles*
Deep Thought: If a *lit candle* had a *temper tantrum,* would that be considered a *wicked meltdown?*

9. Answer: *Ebenezer Scrooge*
Joke: *Ebenezer* was *cynical, greedy,* and *cold-hearted,* but then one day he *quit cold goose.*

10. Answer: *Sending Christmas cards*
Joke: The *Federal Reserve* should *shrink dollar bills* to fit on *envelopes,* saving trips to the *post office.*

11. Answer: *Blue Christmas*
Joke: When *Elvis* sang *melancholy songs,* his friends called him *Elvis Depressly.*

12. Answer: *Snow Globes*
Joke: *James Bond* always preferred his *snow globes shaken,* not *stirred.*

13. Answer: *The Nutcracker*
Joke: Would a *crazy saltine* be considered a *nutcracker?*

14. Answer: *Four Calling Birds*
Joke: Before *mobile phones,* most people *wouldn't accept the charges* from any one of those *four birds.*

15. Answer: *A Red Ryder BB Gun*
Specifically: *A Red Ryder Carbine Action 200-shot Range Model air rifle* with a *compass* in the *stock* and this *thing* which *tells time.*

16. Answer: *Eartha Kitt*
Joke: Even with her *extreme success, Eartha* remained pretty <u>*grounded*</u>.

17. It's a _miracle_ that **Broadway** and **6th Avenue** intersect with this **street** in **Manhattan**. _____

18. In the **2000 live-action version,** what's the name of the **mountain** where **Whoville** dumps their **trash** and where the **Grinch lives?** _____

19. What's the best **mode of transportation** for **dashing through the snow?** _____

20. What do you **hang** by the **fireplace** with care, preferably not **soaked in kerosene?** _____

21. What **German Christmas bread** became popular in the **U.S.** in the **1940s?** _____

22. In **A Charlie Brown Christmas**, who recites **Luke 2:8-14?**
_____

23. What **Christmas drink** is made from **milk, cream, sugar,** and **spices?**
_____

24. What **calendar** has **24** or **25 little doors** you open before **Christmas?** _____

25. Arriving in **October** or **November**, every **kid** couldn't wait to get the **Wish Book catalog** from this **major chain store**. _____

17. Answer: *34th Street*
    Bonus Trivia: In the *movie, Kris Kringle* is hired to be *Santa Claus* at which *store? Macy's*

18. Answer: *Mount Crumpit*
    Faux Fact: There's a *sequel* coming out: *"How the Grinch Sued Whoville: A Story of Emotional Distress and Damages".*

19. Answer: *In a one-horse open sleigh.*
    Be Honest: You just had to *sing* the *first line* of *Jingle Bells*, didn't you?

20. Answer: *Stockings*
    Joke: *Santa* certainly isn't *afraid* of getting his *hands dirty,* so when he uses the *fireplace,* it *soots* him just fine.

21. Answer: *Stollen*
    Deep Thought: *Red hot stollen* is considered *stolen stollen.*

22. Answer: *Linus*
    Bonus Material: *Linus' recitation* of *scripture* was one of the *first instances* of a *Bible verse* being used in *mainstream television.*

23. Answer: *Eggnog*
    Joke: Some people *go crazy* for *eggnog,* but I'm not much of a *fan….* it's not all it's *cracked* up to be.

24. Answer: *An Advent Calendar*
    Joke: The *Advent calendar* would make a *great networker….* it has the ability to *open so many doors.*

25. Answer: *Sears*
    Joke: My *Sears Wish Book* had more *folded pages* than a *practice session* at an *origami seminar.*

Wheels Up

Buckle up for a ride through boomer-era transportation! From tail-finned cars to groovy Vespas and jet-setting dreams, it was a wild trip. Can you steer through this trivia or will you stall out?

1. In *1955,* *Ford* launched a *car* that loved *feathered friends* and wasn't *afraid* of *lightning.* _____

2. Which *railway* owned the luxurious *Super Chief train?* (Hint: It's also the *capital* of *New Mexico.*) _____

3. After *706 tries,* *Boeing* finally introduced this *plane* in *1958.* _____

4. Which iconic *American motorcycle brand* gained fame in the *1950s* for its *biker culture?* _____

5. What type of *transportation* did *Rice-A-Roni* help popularize in *San Francisco?* _____

6. Who broke the *sound barrier* on *October 14, 1947,* in the *Bell X-1?* _____

7. Back in *1964,* *wild horses* couldn't hold back *Ford's* introduction of this *muscle car.* _____

1. **Answer:** *Ford Thunderbird*
   Joke: The **mating call** of a **Thunderbird** must be pretty **deafening.**

2. **Answer:** *Santa Fe Railway*
   Joke: It was a **Christmas** to remember when his **sleigh broke down**, and the **big guy** was forced to **hitch a ride** on the **Santa Fe Railway**.

3. **Answer:** *The Boeing 707*
   Joke: The **Hooters private jet** was **afraid to fly**…. it had **chicken wings**.

4. **Answer:** *Harley-Davidson*
   Deep Thought: If you put a **Harley-Davidson** under a **microscope**, would you see that **biker culture?**

5. **Answer:** *Cable Cars*
   Joke: Thanks to **Netflix, Hulu,** and **Amazon,** I think **cable cars** will even be **put out to pasture soon.**

6. **Answer:** *Chuck Yeager*
   Did You Know: He also **shot down** over a **dozen German planes,** including more than **four in one day**…. **twice.**

7. **Answer:** *Ford Mustang*
   Definition: **Mustang:** What **astronauts** have to do to stay **hydrated** in **space.**

Harley-Davidson once made bicycles before becoming famous for motorcycles! In the early 1900s, the company started by making bicycles with small engines attached, which eventually evolved into the iconic motorcycles we know today.

8. *Zeppelins* were not particularly *popular* in the *'40s* or *'50s* after this *disaster* in *1937*. _____

9. What type of *trains* operate on *tracks* raised above the *ground*, avoiding *street-level traffic*? _____

10. What's the *name* of the *1950s vehicle* that was designed as a *regular automobile for the road* and as a *boat for the water*? _____

11. There was also an *amphibious truck* developed in the *'50s*. What was it called? _____

12. If you <u>desired</u>, you could ride in this *vehicle* that *runs on tracks* laid along *city streets*. _____

13. In the *'40s* and *'50s*, which *American cross-country route* was known as *The Mother Road*? _____

14. What does the *federal government's FHWA* stand for? _____

15. After the *Titanic disaster, ocean liners* were *required* to have enough of these *boats* to *fit all passengers*. _____

16. Known for its *two-tone paint* and *tailfins*, the *Bel Air* was the *best-selling car* of the *1950s*. Who made it? _____

8. Answer: *The Hindenburg Disaster*
   A Sad Day: On *May 6, 1937,* the *804-foot Hindenburg* exploded at *Lakehurst, NJ,* probably after a *spark* ignited the *hydrogen core.*

9. Answer: *Elevated Trains*
   Joke: I'd be *elevated* too if I could avoid *street-level traffic.*

10. Answer: *Amphicar*
   Joke: When my *Amphicar* broke down in the *lake,* I got a *sinking* feeling when *AAA* instantly *canceled my membership.*

11. Answer: *The GMC DUKW, Duck or Duck Boat*
   Joke: In addition to my *Amphicar, AAA* refused to *tow* my *Duck Boat*.... boy did they hear some *fowl* language.

12. Answer: *A Streetcar*
   Weird Fake Fact: *Transit authorities* only hire *streetcar operators* named *Stella.*

13. Answer: *Route 66*
   Joke: If there's *gold* at the *end of Route 66,* then it could be the *mother road* to the *mother lode.*

14. Answer: *Federal Highway Administration*
   Joke: Developing the *FHWA* was *exhausting* and *expensive*.... sadly, taking its *toll* on the *rest of us.*

15. Answer: *Lifeboats*
   Lessons Learned: The *disaster* led to *better wireless communication, hull modifications,* and *crew training* for *emergencies.*

16. Answer: *Chevrolet*
   Did You Know: About *3 million Bel Airs* were sold in the *1950s,* with the average cost between *$1,500* to *$2,500.*

17. Launched in *1934,* this <u>*regal ship*</u> symbolized the *golden age* of *ocean liners.* _____

18. *Laika* was the *first animal* to *orbit the Earth* aboard *Sputnik 2* in *1957.* What was she? _____

19. What's the *first nuclear-powered submarine* from the *'50s? Hint:* It's also a *'70s workout machine.* _____

20. *You were in good hands* if you bought this *car* from *Sears* in the late *'40s.* _____

21. This was a *stable* and *self-balancing car* in the *'50s,* and it might make you *hungry for a sub.* _____

22. This type of *vehicle* rides on a *cushion of air.* _____

23. What *single-track railway* was tried in some *cities* but became really popular thanks to *Disney?* _____

24. What *vehicle* is designed for *snowy terrain* and used at *ski resorts* to *groom the slopes?* _____

25. This *Italian* type of *scooter* was popular in the *'50s.* _____

17. Answer: *The Queen Mary*
   Joke: This **ocean vessel** probably inspired the **Queen's** unique **wave**.

18. Answer: *A Dog*
   Joke: **Laika** said the **launch** was a bit **ruff,** but the view of **Canis Major** made it all worthwhile.

19. Answer: *USS Nautilus*
   Joke: I bet the **engineer** who decided to put a **nuclear reactor 300 meters underwater** made the **call** from the **comfort of his office**.

20. Answer: *The Sears Allstate*
   Joke: Want to know **what else** requires **good hands**? A **sign language translator,** a **hernia doctor,** and, of course, a **piano player**.

21. Answer: *The Gyrocar*
   Joke: Some **vehicles** that **don't** make you **hungry**…. **Mincemeat Mini, Souvlaki SUV,** and the **Hummus Hummer**.

22. Answer: *A Hovercraft*
   Joke: This might be **TMI,** but I once had to **sit** on a **cushion of air** when my **low-fiber diet** caused some **"backdoor blues"**.

23. Answer: *The Monorail*
   Joke: After **unsuccessfully** trying to **write a pun** about a **monorail,** I decided a **one-liner** was more **appropriate**.

24. Answer: *Snowcat*
   Joke: The **grooming ability** of a **snowcat** is incredible…. it can really **lick those slopes**. Unfortunately, shortly afterward, it **coughs** up a **gross snowball**.

25. Answer: *Vespa*
   Joke: Today, if **Vespa** needed some **upfront money** to get it **going,** they'd just need a **Kickstarter**.

Chillin' Villains

Time to face the baddies of the boomer era.... when villains twirled mustaches, delivered epic monologues, and still managed to lose. Let's see if you can name these classic villains or if you're already plotting your trivia revenge!

1. In the *1960 film Psycho*, which **villain** runs the **Bates Motel**?
_____

2. Steve Miller possibly **sang** about **Batman's arch-enemy.** Who is he?
_____

3. In *1941*, **Larry Talbot** turned into this **creature** that was **howling mad.**
_____

4. In the *'50s*, this **King of the Monsters** was **pretty evil**, but in the **2000s**, he became more of a **hero.** _____

5. This *1964 James Bond villain* had an **appendage** made of the **chemical symbol Au.** _____.

6. Alphonse Gabriel Capone, aka **Scarface,** was a major organized **crime figure** in this **city.** _____

7. In the *1946* film *It's a Wonderful Life,* who wants to take over the **savings and loan business?** _____

1. Answer: *Norman Bates*
  Safety Tip: Other **lodging places** to **avoid** are **Victim Villas, Mayhem Motor Lodge,** and the **Hostile Hostel.**

2. Answer: *The Joker*
  Joke: Protecting **Gotham City** from the **Joker** was **no laughing matter.**

3. Answer: *The Wolf Man or Werewolf*
  Joke: Larry had **no recollection** of becoming that **creature,** making him an **un-a-werewolf.**

4. Answer: *Godzilla*
  Joke: Godzilla made **most of his money** in the **late '90s flipping houses.**

5. Answer: *Auric Goldfinger*
  Joke: Auric was a very **clumsy criminal,** which also made him a **butterfinger.**

6. Answer: *Chicago*
  Faux Fact: Al Capone was diagnosed with **OCD,** which explains why he **organized crime.**

7. Answer: *Mr. Potter*
  Unfortunate Truth: A bigger **savings and loan scandal** happened about **40 years later.**

The Joker was originally meant to die in his first appearance in Batman #1 (1940), but DC Comics editor Whitney Ellsworth insisted on keeping him alive. This last-minute decision turned him into one of the most iconic and enduring villains in comic book history.

8. **Boris Badenov** and **Natasha Fatale** always plotted against **Rocky** and _____.

9. **Pod People** replaced **human beings** in this **1956 film**. _____

10. How many **Dalmatians** were needed to make an **evil woman** a **fur coat**? _____

11. Who is the **cunning pirate** from **Peter Pan**? _____ ?

12. What movie features a **half-human, half-fish creature** called the Gill-Man? _____

13. **Margaret Hamilton** played the **Wicked Witch of the West** and also **Miss Gulch** in this **film**. _____

14. **Captain Renault** is the **corrupt police officer** in this **1942 classic movie**. _____

15. It wasn't **Boris Badenov** who played **Frankenstein's monster,** but this **Boris** instead. _____

16. Which **Soviet leader** ruled from **1924** to **1953** and is known for his **repressive tactics** and **exiles**? _____

8. Answer: *Bullwinkle*
  Joke: After a ***brief fling*** with ***Natasha, Boris Badenov*** finally settled down with ***Ms. Goodi TooShoos.***

9. Answer: *Invasion of the Body Snatchers*
  Joke: If you find ***people bathing*** in a ***dishwasher*** or a ***washer machine….*** they're probably ***Pod* People.**

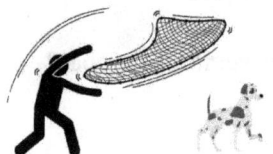

10. Answer: *101 Dalmatians*
  Joke: I bet all ***dog snatchers*** must drive a ***Cruella DeVille.***

11. Answer: *Captain Hook*
  Joke: *Captain Hook* was pretty ***poor*** growing up…. even his ***hook*** was a ***hand*-me-down.**

12. Answer: *Creature from the Black Lagoon*
  Joke: When my ***wife*** first saw the ***Gill-Man,*** he took her ***breath away.***

13. Answer: *The Wizard of Oz*
  Roll Model: *Margaret* was so ***kind-hearted,*** she would visit ***children's hospitals*** as the ***Wicked Witch*** to help them ***overcome their fears.***

14. Answer: *Casablanca*
  Joke: *Captain Renault's wife* has to ***hang*** all of the ***pictures….*** he's always been ***crooked.***

15. Answer: *Boris Karloff*
  Joke: *Hermann* and ***Pauline Einstein*** had ***two children….* Albert** was the ***genius,*** while ***Frank*** was a ***monster.***

16. Answer: *Joseph Stalin*
  Joke: It would've been great if the ***people*** could've ***gotten rid*** of him ***quickly*** and stopped ***Stalin around.***

17. What *fairy tale* is the *Big Bad Wolf* most famously *associated with*? _____

18. Portraying this *character* was a *gray area* for *Lamont Cranston*…. he was more of a *stealth vigilante* than a *shady villain*. _____

19. The *villain* from *Charlie and the Chocolate Factory* really proved a *gastropod's value*. _____

20. You're either *attracted* to or *repulsed* by this *X-Men villain* introduced in *1963*. _____

21. *Skull Island* is where this *movie monster* was found. _____

22. In this *musical, Erik,* who is *disfigured,* tries to win the love of *Christine Daaé.* _____

23. Located in the *Carpathian Mountains* in *Romania,* what is *Count Dracula's castle* famously known as? _____

24. In *1962, Doctor Julius No* was the *villain* of this *secret agent*? _____

25. Who is the *general* of the *Kryptonian military* and *Superman's enemy*? _____

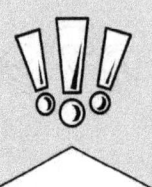

17. Answer: *The Three Little Pigs*
   Joke: His **doctor** prescribed an **inhaler,** so now the **Big Bad Wolf** can blow houses down with **ease.**

18. Answer: *The Shadow*
   Nostalgic Quote: "Who knows what **evil lurks** in the **hearts of men? The Shadow knows.**"

19. Answer: *Arthur Slugworth*
   Joke: Arthur had **misplaced anger** from a **prior incident**…. he was **a-salted.**

20. Answer: *Magneto*
   Joke: No matter your feelings, **Magneto** is pretty **polarizing.**

21. Answer: *King Kong*
   Joke: After his **specialized training** in the **Green Berets, King Kong** was an **expert** at **guerrilla warfare.**

22. Answer: *The Phantom of the Opera*
   Joke: Erik became the **Phantom** after being **kicked out** of the **Mafia Quartet**…. turns out, he wasn't a very good **Soprano.**

23. Answer: *Bran Castle*
   Did You Know: They had to build **extra bathrooms** in the **bowels** of **Bran Castle.**

24. Answer: *James Bond*
   Joke: Dr. No always **agreed** with others just to **avoid conflict,** which oddly enough makes him a **yes man.**

25. Answer: *General Zod*
   Joke: The **general** bought a **luxurious estate** called **Zod Villa**…. this is not to be confused with a **radioactive dinosaur.**

Not My Style

Travel back to the boomer era, when poodle skirts twirled, bell bottoms ruled, and leisure suits reigned supreme. Let's see if you can spot these timeless trends or if fashion has left you behind!

1. What **1950s fashion item** for **girls** featured a **felt dog design** on it? _____

2. What were **teenagers** called who **wore leather jackets, rolled-up jeans,** and used **"Crisco"** in their **hair?** _____

3. Which **shiny fabric,** often used in **evening gowns,** became popular in the **1950s** and **1960s?** _____

4. This **1960s <u>honey</u> of a hairstyle** is known for its **voluminous top** and **sleek sides.** _____

5. What iconic **American fashion magazine** started in **1945** and became a **key influencer** in **fashion trends?** _____

6. Which **designer** created the **"Little Black Dress"** in the **1920s** and influenced fashion in the **1950s** and **1960s?** _____

7. **Mary Quant** was the **British designer** who became famous for **creating** this almost **nonexistent skirt.** _____

1. **Answer:** *Poodle Skirt*
   Joke: Dancing in a **poodle skirt** usually leaves your **dogs barking.**

2. **Answer:** *Greasers*
   Joke: If a **Greaser** forgot to **shower before bed,** he'd have to **sprinkle** his **pillowcase** with **Speedy Dry** in the morning.

3. **Answer:** *Satin*
   Joke: Not quite as **flashy** as **satin,** but my **cardiologist** put me on a **mediocre statin** back in the **2000s.**

4. **Answer:** *Beehive*
   Joke: Taking apart a **beehive hairdo** is quite the **extraction**.

5. **Answer:** *Vogue*
   Joke: When I got **locked** out of my **car,** I called a **"key influencer"....** you know, a **locksmith.**

6. **Answer:** *Coco Chanel*
   Joke: Coco's designs really whipped **people** into a **frenzy....** I recently read about a **woman** who actually went **coo-coo** for **Coco.**

7. **Answer:** *The Miniskirt*
   Joke: While **designing** the **miniskirt, Mary's motto** was....**"Don't stop till you see the whites of their thighs"....** she was **British,** after all.

The iconic poodle skirt, a 1950s fashion symbol, was created by accident! Designer Julie Lynn Charlot, with minimal sewing skills, crafted it last-minute for a Christmas party by cutting a felt circle and adding a hole in the center. She included seasonal holiday appliqués just for the fun of it.

8. The *'50s* introduced this *type of dress* with a *fitted bodice* and *flared skirt*…. definitely not *playground* wear. _____

9. In the *'50s,* which *woman's iconic accessory,* often made of *silk* or *chiffon,* wasn't really *ahead* of its time? _____

10. What popular *1950s accessory,* often worn by *women,* consisted of a *small pouch* attached to a *chain*? _____

11. What *colorful, patterned shirt,* also known as an *Aloha shirt,* became popular in the *'40s* and *'50s*? _____

12. What *shoes* have a *strap, rounded toe,* and *low heel*? It has the same name as a *candy* with *chewy, taffy-like texture.* _____

13. What *casual clothing item* became popular among *men* and *reptiles* in the *1950s* and was linked to *beatnik culture*? _____

14. What *1950s skirt style* featured a *fitted waist* and a *hemline below the knee,* and went nicely with a *Ticonderoga #2*? _____

15. This *coat* was popular in the *'60s* and was highly *endorsed* by *spies* and *flashers.* _____

16. This *sneaker brand,* famous for *Chuck Taylor All-Stars,* became popular among *teenagers* in the *1950s.* _____

8. Answer: *The Swing Dress*
   Joke: I **wasn't sure** if this was a **good question**.... I kept going **back** and **forth**.

9. Answer: *Headscarf*
   Joke: My **wife's lingerie** is a **silky chiffon** piece of **clothing** that I jokingly call an **"accessory"**.

10. Answer: *The Clutch Purse*
   Joke: This is also something **women do** when they're in a **sketchy environment**.

11. Answer: *Hawaiian Shirt*
   Joke: Aloha means **hello** or **goodbye,** so if you **bought** this **shirt on sale**, it must be a **good buy**.

12. Answer: *Mary Jane*
   Joke: I have an **Aunt Mary Jane,** she's also a bit **nutty**.

13. Answer: *Turtleneck Sweater*
   A Bad Joke: Where does a **tortoise choker** go? On a **turtleneck**.

14. Answer: *The Pencil Skirt*
   Joke: My **wife** was trying to **iron** a **broken pencil skirt.** I told her it was **pointless**.... I have to do my own **laundry** now.

15. Answer: *Trench Coat*
   Did You Know: Thomas Burberry designed the **trench coat** for the **British Army** during **WWI trench warfare**.

16. Answer: *Converse*
   Joke: These **shoes** were **instantly popular** and quite a <u>**converse**</u>-ation **starter**.

17. *Two green lights* would love to have these *space-aged boots*.
_____

18. *Arthur Fonzarelli* was rarely seen without wearing *one of these*.
_____

19. In *1946*, this *swimwear*, named after an *atomic bomb testing island*, exploded onto the scene in the *'50s* and *'60s*. _____

20. What *1950s hairstyle* featured *volume at the front* and was popularized by *Elvis Presley* and *rockabilly icons*? _____

21. What *military-style jacket* became a *trendy fashion item* for both *men* and *women* in the *1940s*? _____

22. What *decorative jewelry* was used in the 1940s to *add flair* to *dresses, jackets,* and *hats*? _____

23. Named after an *Italian island*, this *style of pants* is known for its *versatility, comfort,* and *summer wear*. _____

24. What *socks* would you need to *borrow* from an *English policeman* in order to wear *saddle shoes*? _____

25. This *rough fabric* is typically *woven from wool* and originates from *Scotland*. _____

17. Answer: *Go-Go Boots*
   Joke: *Go-Go boots* will <u>stop</u> at nothing to *kick it* on the *dance floor*.

18. Answer: *A Leather Jacket*
   Deep Thought: Is an *undercooked leather jacket* considered *raw-hide*?

19. Answer: *Bikini*
   Joke: If you go to a *disreputable bikini waxing establishment,* you could get *ripped off*.

20. Answer: *Pompadour*
   Joke: If you need to get a *baby William* to *sleep quickly*…. you need to *Rockabilly*.

21. Answer: *The Bomber Jacket*
   Joke: If you wear a *bomber jacket* to a *party,* make sure you're *not a dud*.

22. Answer: *Brooch*
   Joke: My wife <u>*broached*</u> the subject of *buying some expensive jewelry* and was trying to <u>*pin*</u> *me down*.

23. Answer: *Capri Pants*
   Joke: Those *Italian islands* have inspired a few types of *pants*…. *Perspiration Island* gave us *sweatpants*.

24. Answer: *Bobby Socks*
   Joke: Wearing anything else with *saddle shoes* would be a *crime*.

25. Answer: *Tweed*
   Joke: On the set of *Top Gun, Tom Cruise,* wanting a *warm coat,* was constantly yelling, *"I have the need… the need for tweed!"*

The Boob Tube

Tune in to the golden age of TV, when antennas ruled the rooftops and channel surfing meant actually getting up to change the dial. Let's see if you remember these classic shows.... or if you've been stuck on static!

1. Lucille Ball was the **first woman** to run a **major television studio**. What was the name of that **studio?** _____

2. Great Caesar's ghost! This **person** was the first to **play a man** able to **leap tall buildings** in a **single bound** and work at the **Daily Planet.** _____

3. Who hosted the **variety show** that introduced **Elvis Presley** and **The Beatles to America?** _____

4. Debuted in **1951**, this **police drama** starred **Joe Friday** and featured his catchphrase, **"Just the facts, ma'am."** _____

5. Who played **Detective Steve McGarrett** in **Hawaii Five-O?** _____.

6. What was the **full name** of the **character** commonly known as **"Beaver"?** _____

7. Technically, this **1950s detective** had the **first smart watch**. Too bad the **show** only lasted for **39 episodes**. _____

1. Answer: *Desilu Productions*
   Joke: I think it should have been called **LucyDe Productions** instead.... she was the **top billing** after all.

2. Answer: *George Reeves*
   Joke: **Superman** wasn't being **profound** when he told **Lois Lane** he could **see** deep into her **soul**.... I think he was just being a **creep.**

3. Answer: *Ed Sullivan*
   Did You Know: His **show** aired for **23 years,** from **1948** to **1971,** and had over **3,000 guests.**

4. Answer: *Dragnet*
   Joke: After retiring, **Joe worked** at **Kinko's** in the **Document Transmitter Dept.,** where he could still use his **catchphrase....** *"Just the fax, ma'am."*

5. Answer: *Jack Lord*
   Joke: I suspect **Steve** was an **ex-librarian,** which explains why he always told **Danno** to **"book 'em."**

6. Answer: *Theodore Cleaver*
   Joke: It's no surprise **Beaver** was the **busiest student** in his **woodshop class.**

7. Answer: *Dick Tracy*
   Joke: With his **bright yellow trench coat** and **fedora,** he was anything but a **stealthy detective.**

Dick Tracy, the iconic comic strip detective, debuted in 1931 with a futuristic twist.... his famous two-way wrist radio. Amazingly, this gadget predicted smartwatches decades before they became a reality! Tracy was a trendsetter long before the tech giants of today got in on the game.

8. In **Bewitched,** who was the **prying neighbor** who suspected something **unusual** about **Samantha?** _____.

9. What was the **setting** of **Bonanza,** specifically the **name** of the **ranch?** _____

10. I would be **over the moon** if you knew what **TV show Ralph, Alice, Ed,** and **Trixie** were on. _____

11. In **The Andy Griffith Show, Barney Fife** was allowed to **carry a gun,** but he had to keep his only **bullet** in this **place.** _____

12. What's the **name** of the **show** where the **male parental** unit has the **most wisdom?** _____

13. What **show** follows a **Chicago vascular surgeon** who is wrongfully **convicted** of **murdering his wife?** _____

14. This popular **Western** that was set in **Dodge City** where **Matt Dillon** was the **U.S. Marshal.** _____

15. What is the **name** of the **iconic host** and **creator** of **The Twilight Zone?** _____

16. Come and **listen to a story....** it's about a **man named Jed,** who was a **poor mountaineer,** and **so poor** that he could **barely** keep his **family fed.** What's this **show?** _____

8. Answer: *Gladys Kravitz*
   Joke: Both **Gladys** and **Samatha** were **pretty nosy** in their own way.

9. Answer: *The Ponderosa Ranch*
   Nostalgia: Do you remember getting a **steak** with the **all-you-can-eat buffet** at **Ponderosa**? And those **chicken wings**.... yum!

10. Answer: *The Honeymooners*
   Joke: **Ralph** must have had a **good aerospace job**.... he was always **promising** to send **Alice to the moon.**

11. Answer: *Shirt Pocket*
   Joke: Every **character on the show** was **single,** except for **Otis,** and he was the **town drunk**. Not a very **marriage-friendly show** I guess.

12. Answer: *Father Knows Best*
   Joke: This is so **weird** because when a **kid** asks their **father a question**.... he says, *"go ask your mother."*

13. Answer: *The Fugitive*
   Joke: The **people** chasing him were **looking for blood**.... and not in the **Hippocratic doctor/patient context.**

14. Answer: *Gunsmoke*
   Joke: As you would assume, **Chryslers** and **Fords** are not allowed to **cruise** through **Dodge City.**

15. Answer: *Rod Serling*
   Bonus Quote: "You're traveling through another **dimension,** a **dimension** not only of **sight and sound** but **of mind."**

16. Answer: *The Beverly Hillbillies*
   Joke: Uncle Jed raised **small canines** like **teacup terriers** and **"wee doggies."**

17. Who played the *role* of *Perry Mason* in the original *television series*? _____

18. *Steve Douglas*, the *widowed aeronautical engineer*, along with *Uncle Charlie*, raised how many *sons*? _____

19. In the *TV show, Route 66*, what *type of vehicle* did *Tod* and *Buz* drive on their *journeys*? _____

20. In the classic *1950s TV series*, what was the *profession* of *Peter Gunn*? _____

21. The *failed show* called *The Woman from A.U.N.T.* was a *spin-off* from this *show*. _____

22. What was the name of *Red Skelton's beloved character*, who became one of the *most iconic figures* on *his show*? _____

23. In *The Real McCoys*, the character of *Grandpa Amos McCoy* was played by this *Academy Award-winning actor*. _____

24. Which *son* of *Ozzie* and *Harriet* went on to become a *famous rock and roll star* and recorded *Hello Mary Lou*? _____

25. What *furniture* does *Rob Petrie* trip over in the opening of *The Dick Van Dyke Show*? _____

17. Answer: *Raymond Burr*
    Joke: *Raymond **Burr*** portrayed a ***defense attorney*** who was "***extremely sharp***" and had a "***rough edge***".

18. Answer: *Three sons*
    Joke: When giving his ***youngest son*** a ***piggyback ride***, **Steve Douglas** would ***literally*** have a **Chip** *on his shoulder*.

19. Answer: *A Corvette*
    Did You Know: ***Route 66*** was established in ***1926*** and stretches ***2,448 miles*** from ***Chicago*** to the ***Santa Monica Pier***.

20. Answer: *Private Detective*
    Joke: What do you call an ***alligator*** who's a ***private eye*** and a ***savvy stockbroker***? An ***invest-i-gator***.

21. Answer: *The Man from U.N.C.L.E.*
    Joke: They even tried to ***cash in*** on ***The Addams Family's*** popularity by casting **Cousin** *It* as the lead.

22. Answer: *Clarabell the Clown*
    Did You Know: ***Red Skelton*** also created several other ***characters***, like ***Clem Kadiddlehopper*** and ***Freddie the Freeloader***.

23. Answer: *Walter Brennan*
    Faux Fact: ***Producers*** tried to use an ***imitation doctor*** on ***Star Trek***, but the fans wanted the ***real McCoy***.

24. Answer: *Ricky Nelson*
    Did You Know: ***Ricky's*** number one hit ***Poor Little Fool*** was his ***biggest success***, while his best-known hit, ***Hello Mary Lou***, peaked only at ***number nine***.

25. Answer: *An Ottoman*
    Joke: A little ***Van Dutch boy*** saved the ***town*** when he stuck his ***Van finger*** in the ***Van Dyke***.

Lullaby Lane

Time to drift off to the lullabies and nursery rhymes of the boomer era, when bedtime stories were full of quirky characters and catchy tunes! Let's see if you can remember the classics, or if you'll be snoozing before the first verse!

1. I used to know the **Muffin Man,** but I've **forgotten** where he **lives.** Do you remember? _____

2. Who played **"Knick Knack"** on my **thumb,** then came **rolling home?** _____

3. This **children's song,** loaded with **cardio,** requires you to **paddle, paddle, paddle, paddle.** _____

4. Name this **nursery rhyme** using just these **two words…. waterspout** and **itsy.** _____

5. What did the **farmer's wife** use to **cut the tails off** those poor defenseless **blind mice?** _____

6. Fiddle around with this **question….** after the **little dog laughed** to see such **fun,** what did the **dish do?** _____.

7. When the **mouse** ran down the **clock,** what **time** was it? _____

1. Answer: *Drury Lane*
   Joke: The **Muffin Man** ordered a **special pastry** for a **birthday,** but the **store** made a **mistake** and gave it to him for **free.** That was the **icing on the cake.**

2. Answer: *This Old Man*
   Definition: <u>**Knick-Knack Paddy Whack**</u>**:** Small **decorative items** or **trinkets** that a **Patricia hits** or **smacks**.

3. Answer: *Row, Row, Row Your Boat*
   Joke: The **result** of this song is **blister, blister, blister, blister.**

4. Answer: *Itsy Bitsy Spider*
   Joke: I think the **teenie weenie yellow polka dot bikini** was **riding the coattails** of this **rhyme....** or do I smell an **itsy bitsy** bit of **plagiarism?**

5. Answer: *A Carving Knife*
   No Joke: Seriously, how can this be a **nice, peaceful rhyme** to put your **kid to bed with?**

6. Answer: *It ran away with the spoon*
   Joke: Wouldn't it be more **romantic** if the **dish** <u>**whisked**</u> the **spoon away?**

7. Answer: *One o'clock (the clock struck one)*
   Joke: Not only did that **mouse run** up the **clock,** but it also had a **knack** for **running up a bill.**

"The Muffin Man" nursery rhyme originated in 19th-century England, likely referencing street vendors who sold muffins door-to-door. These vendors carried trays on their heads and rang bells, possibly inspiring the playful song still sung by children today.

8. Obviously, the **London Bridge** was in a terrible **state of disrepair.** What did they **use to fix it?** _____

9. How much **wool** did **Baa Baa Black Sheep** give away? _____

10. I wonder what **Little Bo** was doing when **she lost her** _____?

11. You have to put the **oven on high** to bake a cake **as fast as you can,** then you have to **mark it with a "B"** for what **two people?** _____

12. Sixpence (equal to **six pennies**) seems **pretty cheap** for **24 blackbirds** in this **song.** _____

13. In which **nursery rhyme** do you **fill your pockets** with a **bunch of flowers?** _____

14. The **farmer** in the **small, secluded valley** surrounded by **trees** is a long way of saying the **farmer in the** _____.

15. If you get a **mockingbird** that won't **sing,** what do you **get instead?** _____

16. Little Rabbit Foo Foo enjoys this **pastime** with the **field mice** he **scoops up.**
_____

8. Answer: *Silver and Gold*
Joke: They **fixed it,** then added an **astronomical toll.** At least this **rhyme** teaches **kids** about **real life.**

9. Answer: *Three bags full*
Joke: After years of **family therapy,** the **black sheep** had a **significant breakthrough** when he **finally acknowledged** he was, in fact, the **problem.**

10. Answer: *Sheep*
Joke: Her boss **reviewed the footage** and caught her **snoozing.** Now her **coworkers** call her **Little Bo Sleep.**

11. Answer: *Baby and Me*
Joke: "**Baby and Me**" sounds more like there's a **bun in the oven** and not **just a cake.**

12. Answer: *Sing a Song of Sixpence*
True Fact: This **rhyme** was from **1744,** so that **sixpence is worth** about **$2.50 today….** that's still a **good deal** for all those **birds.**

13. Answer: *Ring Around the Rosie*
Did You Know: Some people link this **rhyme** to the **Great Plague,** with **"roses"** referring to a **rash** and **"posies"** are meant to **ward off disease.**

14. Answer: *Dell*
Joke: A **candy company overpaid** the **farmer in the dell** for his **strawberry crop,** making him a **jolly rancher.**

15. Answer: *A Diamond Ring*
Joke: That **mockingbird** went **too far** when he replaced that **diamond ring** with a **cubic zirconia.**

16. Answer: *Bopping them on the head.*
Joke: Can you call the **ASPCA** about an **animal on animal crime?**

17. *Five little monkeys* were jumping on the *bed*.... then something *inevitably happened*, and this *person was called*. _____

18. *Mary's little lamb* had something that was *white as snow*. What was it? _____

19. Who was the *merry old king* that wanted his *pipe, a bowl,* and *three fiddlers*? _____

20. On a *cold* and *frosty morning*, I'd rather go *'round the space heater, the space heater, the space heater* than this *bush*. _____

21. What *old farmer's spelling* was *atrocious* because he *didn't* know the *vowels A and U*? _____

22. None of the *domesticated hooved animals* or the *adult males* of the *masculine, regal ruler* could do this. _____

23. What is *Wee Willie Winkie* wearing when he *runs through the town*? _____

24. Eating *curds and whey* sounds scarier than a *spider* sitting *next to this person*. _____

25. If the *3rd little piggy* went to *Arby's* for *"the meats"*. What *meat* would it want? _____

17. Answer: *A Doctor*
   Joke: After the **doctor's copay,** there was no more **jumping on the bed.**

18. Answer: *Fleece*
Joke: The **police** determined the **lamb's accident** was caused when he **inadvertently** became **a sheep at the wheel.**

19. Answer: *Old King Cole*
Bonus Trivia: Who's the **King's brother** that is a **winged biting pest? Nat King Cole**

20. Answer: *The Mulberry Bush*
   Definition: **Mulberry:** A **berry** that **ponders** or **considers decisions** very carefully.

21. Answer: *Old McDonald*
Joke: Old McDonald wasted **$13,250** on **Wheel of Fortune** just buying **E's, I's,** and **O's.**

22. Answer: *Put Humpty Dumpty back together again.*
   Joke: Humpty had a **horrible spring,** an **oppressive summer,** which led to a **terrible fall.**

23. Answer: *A Nightgown*
   Joke: Willie is just **one article of clothing** away from being a **full-blown streaker.**

24. Answer: *Little Miss Muffet*
Joke: Since getting a **new iPhone** with **GPS.... Miss Muffet** hardly ever **loses her whey.**

25. Answer: *Roast Beef*
   Joke: The **last piggy** in the **rhyme** should probably be **wearing a diaper.**

The Big Game

Time to throw on your team jersey and relive the glory days of sports! From the iconic players to the unforgettable moments, let's see if you're a true fan or just here for the halftime snacks!

1. He was known as the *"Buckeye Bullet"* and won *four gold medals* in the *Berlin Olympics.* _____

2. Back in *1947, Jackie Robinson* broke the *color barrier* in what *sport?* _____

3. Who broke *Babe Ruth's* single-season *home run record* with *61 home runs* in *1961?* _____

4. *Johnny Unitas* didn't <u>horse</u> around when *playing* for this *football team.* _____

5. Yo…. this *boxer* was the first to *retire undefeated,* making history with his *flawless record.* _____

6. In *'56, '57,* and *'62,* this player won *baseball's MVP award* and likely *displayed* them on a *fireplace shelf.* _____

7. *Wilt Chamberlain's* record of scoring *100 points* was for this *Philadelphia basketball team.* _____

1. Answer: *Jesse Owens*
   Joke: I once had *four gold medals*, but *I ate them all....* they were all *filled with chocolate.*

2. Answer: *Major League Baseball*
   Did You Know: The *42 jersey* was *permanently retired* by all *MLB teams,* a historic first.

3. Answer: *Roger Maris*
   Joke: *Mr. Maris* achieved this as a *New York Yankee,* but had he *played* for the *Pittsburgh Pirates,* he'd definitely be a *Jolly Roger.*

4. Answer: *Baltimore Colts*
   Did You Know: In the *middle of the night* on *March 28, 1984,* the *Baltimore Colts* used *14 tractor-trailers* to secretly move to *Indianapolis.*

5. Answer: *Rocky Marciano*
   Joke: I bet *Rocky* would've *enjoyed* these *trivia questions,* but I'm pretty sure he'd *love* the *punchlines* even more.

6. Answer: *Mickey Mantle*
   Joke: After *winning* those *MVP awards,* you can bet *Mickey* was *"going to Disney World".*

7. Answer: *Philadelphia Warriors*
   Joke: Before *basketball,* he tried to make it as a *florist,* but everything *he touched* just *wilted.*

Jesse Owens, the legendary track and field athlete, made history at the 1936 Berlin Olympics, where he won four gold medals in front of Adolf Hitler, defying Nazi notions of racial superiority. His victories were a powerful statement against racism and remain a defining moment in Olympic history.

8. Who said, *"winning isn't everything; it's the only thing,"*.... and it wasn't a **Van Gogh** or a **Price**? _____

9. This **legendary running back** played for the **Cleveland Browns** and shared the **same name**. _____

10. This **43 King of NASCAR** was anything but **trivial** or of **little importance**. _____

11. He overcame a **seven-stroke deficit** at the **1960 U.S. Open** and celebrated with **lemonade** and **iced tea**. _____

12. In the *"Rumble in the Jungle,"* **Muhammad Ali** won by *grilling* this **guy** in the **8th round**. _____

13. I loved watching *"The Sultan of Swat"* swing away, but I enjoyed his **candy bar** even more. _____

14. *"The Brown Bomber"* wasn't a **WWII airplane**, but this **heavyweight boxer** from the **'40s** instead. _____

15. How many **major championships** did the *"Golden Bear,"* **Jack Nicklaus**, win in his **career**? _____

16. This **Jean-Claude** wasn't known for **martial arts** or **splits**, but for his Olympic alpine skiing. _____

8. Answer: *Vince Lombardi*
Joke: When **Van Gogh** won something, he'd go out and **paint the town red.**

9. Answer: *Jim Brown*
Joke: After **football, James** was **instantly hired at UPS** when, **during the interview,** he asked them.... **"What can Brown do for you"?**

10. Answer: *Richard Petty*
Joke: I won't **reveal the ending** to **Richard Petty's book, The Secret of Aerodynamics**.... that'd be a **spoiler.**

11. Answer: *Arnold Palmer*
Joke: I **mistakenly** grabbed a **glass of Arnold Palmer**.... it wasn't **my cup of tea.**

12. Answer: *George Foreman*
Joke: Fruit of the Loom once approached **George** to promote their **briefs,** but no one bothered to **research** that he was a **boxer guy.**

13. Answer: *Babe Ruth*
Bonus Trivia: George Herman Ruth Jr. started out as a **pitcher** for the **Red Sox** then became an **outfielder** for what **team? The Yankees**

14. Answer: *Joe Louis*
Deep Thought: In a **boxer's house, Kool-Aid** left on a **kitchen island** is called a **counter punch.**

15. Answer: *18*
Joke: A **Golden Bear** is the **award** a bear wins for **Best Dumpster Dive, Most Dramatic Hibernation Scene,** and **Best Supporting Forager**.

16. Answer: *Jean-Claude Killy*
Joke: His **three gold medals** came by **claude-ing** his way **to the top.**

17. *Skating* since the '60s, she finally won *Olympic gold* in '76 and is a *distant cousin* of *Luke Skywalker*. _____

18. Fans were <u>amazed</u> by his *over-the-shoulder* grab during the *1954 World Series*. _____

19. *Mark Spitz* was prominent in the *'60s* and *'70s*, winning *7 gold medals* in the *Munich Olympics* for this sport. _____

20. This *boxer* fought *Joe Louis* in '46 and could've had a *sandwich chain* named *Jersey Joe's*? _____

21. Who *played* for the *Boston Celtics* and then became the *NBA's first African American coach*? _____

22. Who joined the *Milwaukee Braves* in '54 and broke *Babe Ruth's home run record* in '74? _____

23. *Yogi Berra* said, "It ain't over 'til it's over," and *played 19 seasons* for this *MLB team*. _____

24. *Dick Fosbury* was known for his *"Fosbury Flop"* in this *Olympic sport*. _____

25. *Phil Rizzuto* won *7 World Series championships* with the *Yankees* and was *inducted* into this. _____

17. Answer: *Dorothy Hamill*
   Joke: At the *Frugal Ice Rink*, you can get *ice time* for just *$1*, making it a *cheap skate*.

18. Answer: *Willie Mays*
   Joke: *Willie's catch* was nothing short of *"A-mays-ing"*…. good thing his *last name* wasn't *Bigerror*.

19. Answer: *Swimming*
   So Obvious: *Mark* never *swallowed pool water* because he *always did this?* _____

20. Answer: *Jersey Joe Walcott*
   Joke: A *sub shop* would have been the perfect *retirement career* for *Joe* because he always threw a *cold uppercut*.

21. Answer: *Bill Russell*
   Did You Know: *Bill Russell* won *2 NCAA championships, 11 NBA championships* with the *Celtics*, and had a *great rivalry* with *Wilt Chamberlain*.

22. Answer: *Hank Aaron*
   Joke: When I closed the *door too hard*, it broke and *cost me $1,000*…. it was a *grand slam*.

23. Answer: *New York Yankees*
   Joke: Other *teams* tried to *entice Yogi* to leave the *Yankees*, but he couldn't *Berra the thought*.

24. Answer: *High Jumping*
   Joke: *Dick Fosbury's* <u>tavern</u> started *sinking*…. luckily, he *raised the bar*.

25. Answer: *The Baseball Hall of Fame*
   Joke: *Phil* was also known for his *creamy Italian rice dish*…. *Rizzuto's risotto*.

Sunday Comics

Get ready for some comic relief! From bold heroes to mischievous animals, comics had it all.... action, humor, and hair that defied gravity. Let's see if you remember who's who, or if you're still scratching your head like "Beetle Bailey!"

1. Which character in **Peanuts** is known for her famous **football pull-away move** on **Charlie Brown**? _____

2. What does **Felix the Cat** have that allows him to pull out **various objects** and **tools**? _____

3. The **cartoonist Al Capp** created this **fictional town** for the comic strip **Li'l Abner**, which isn't very **ruff**. _____

4. Would you be able to name **Blondie's husband**, known for his **carefree antics**? _____."

5. This **little comic strip character** is known for her **signature pigtails** and **adventurous spirit**. _____.

6. Who would **gladly pay** a tough guy sailor **Tuesday for a hamburger today**, and he's also known to be **quite a moocher**? _____

7. Which **soldier** is known for his **clever excuses** and **laid-back attitude**, and is not a **Paul, John, Ringo, or George**? _____

Page 111

1. Answer: *Lucy Van Pelt*
   Joke: When she **pulled the football,** it caused **Charlie Brown** some **beneficial misery.** In other words.... **good grief.**

2. Answer: *His magic bag of tricks*
   Joke: Felix never revealed his **magic tricks....** he didn't want to let the **cat out of the bag.**

3. Answer: *Dogpatch*
   Bonus Trivia: What do you put on a **canine** with a **traumatic eye injury?** A **dog patch.**

4. Answer: *Dagwood Bumstead.*
   Definition: Bumstead: A **stead** that is **damaged, faulty,** or generally of **poor quality.**

5. Answer: *Little Lulu*
   Joke: Little Lulu's full name is **Lulu Moppet,** and once she tried to **cross over** into a **nursery rhyme** by pretending to be **the little miss** that **sat** on a **toppet.**

6. Answer: *Wimpy*
   Joke: Did you know that in the **'80s, Wimpy** went on to write the **tagline,** "**Hefty Hefty Hefty....**"?

7. Answer: *Beetle Bailey*
   Joke: Beetle was known for his **laziness** and **work-avoidance....** I think our **newest generation** admires this **comic strip** greatly.

Dagwood Bumstead's famous love for massive sandwiches led to the creation of the "Dagwood" sandwich.... a towering stack of meats, cheeses, and fillings. It became so iconic that delis across the country named their biggest sandwiches after him!

8. Who is the **comic strip Viking** famous for **loving food** and **naps** more than **plundering?** _____

9. Which **comic strip cat** is known for his insatiable **love of lasagna** and his mistreated **dog friend** named **Odie?** _____

10. Who is **Dennis the Menace's** frustrated **neighbor** that takes the **brunt** of his **antics?** _____

11. In **"A Tale of Two Kitties,"** this **bird** that says, **"I tawt I taw a puddy tat,"** made its **first appearance.** _____

12. What **comic strip** was known for its **tagline, "The world's worst soldier"?** (*Hint:* it's not **Beetle Bailey** either.) _____

13. What **comic strip** features a **clumsy Great Dane** who often causes **chaos** for his owners, the **Winslows?** _____

14. What is the name of **Snoopy's small, yellow bird friend** who often **accompanies** him on his adventures in the **Peanuts comic strip?** _____

15. In the **Looney Tunes comic series**, who is the **stuttering, chubby hog?** _____

16. Albert the Alligator and **Porky Pine** are friends of this **main character** who lives in the **Okefenokee Swamp.** _____

8. Answer: *Hagar the Horrible.*
   Joke: Did you know that **Hagar** was the first to use **dots** and **dashes** to send messages? He called it **Norse Code.**

9. Answer: *Garfield*
   True story: Our **Newfoundland, Hank,** has an **insatiable love** of **pizza**. He once devoured a **whole cheese pizza** in **30 seconds** and even **closed the box** afterward.

10. Answer: *Mr. Wilson*
   Joke: The **role** of **Dennis the Menace** could have easily been **played** by **Harold the Hazard, Norman the Nuisance,** or **Chet the Threat.**

11. Answer: *Tweety Bird*
   Bonus Trivia: What **space-aged bird** only comes around once every **thousand years?** A **Millennium Falcon.**

12. Answer: *Sad Sack*
   Joke: Sad Sack has two younger **siblings, Boring Bundle** and **Pitiful Pouch.**

13. Answer: *Marmaduke*
   Joke: I believe an **exceptional Danish person** would also be called a **Great Dane.**

14. Answer: *Woodstock*
   Joke: Given **Snoopy's free-spirited lifestyle,** it seems like **pure kismet** that he met **Woodstock** at **Woodstock.**

15. Answer: *Porky Pig*
   Did You Know: The **"Man of a Thousand Voices," Mel Blanc,** voiced over **400 cartoon characters,** many of them for **Looney Tunes.**

16. Answer: *Pogo*
   Joke: Pogo is a <u>stick</u>ler for **staying active** and always has a <u>spring</u> in his step.

17. *Believe it or not,* there was a *comic strip* based on *odd* and *bizarre facts.* Who was the *inspiration* for this? _____

18. How much *money* did *Lucy charge Charlie Brown* for her *psychiatric help?* _____

19. The *Road Runner* made an appearance in the *'40s....* who was its *nemesis?* _____ ..... *meep meep!*

20. What *prehistoric comic strip* features a *character named Thor* and follows *"A"* in the *alphabet?* _____

21. Which *comic strip* has *family members* like *Billy, Dolly, and Jeffy,* who probably live under a *"big top"?* _____

22. This *orphan* wasn't a *meteorologist,* but she did *promise* us that *the sun would come out... tomorrow!* _____

23. Published in *June 1938, Action Comics #1* featured this *guy* who was *amazingly* popular in the *'40s* and *'50s.* _____

24. What is the name of *Popeye's beloved pet,* who is known for his *loyalty* and his *occasional mischief?* _____

25. *I say, I say, I say....* this *Looney Tunes rooster* could have *warned sailors* about *rough conditions.* _____

17. Answer: *Robert Ripley*
   Almost True: When learning to *tie my shoes*, my *mother* would *cheer* me on with a *wink*, saying…. *"Believe it and knot"*

18. Answer: *5 cents*
   Joke: *Charlie Brown* paid this *fee upfront* and in *cash* to *avoid* his outrageous *insurance copay deductible* of *$75*.

19. Answer: *Wile E. Coyote.*
   Joke: *Wile E.'s* two sons, *Craft E.* and *Sneak E.*, were *chips* off the *old ACME exploding block.*

20. Answer: *BC*
   Joke: Since the *lead character* in the comic strip, *Thor*, was *always late*, his friends *nicknamed* him *Meander-thor the Neander-thal.*

21. Answer: *The Family Circus*
   Joke: If you *combined* this *comic strip* with *Charles Schulz's,* you'd get those delicious *circus peanuts.*

22. Answer: *Little Orphan Annie*
   Deep Thought: The *sun coming out tomorrow* would be *true* as long as you *don't live* in the *Polar regions* during *polar nights.*

23. Answer: *Superman*
   Bonus Trivia: He was faster than *a speeding bullet,* able to *leap tall buildings,* and was *more powerful than a* _____? *Locomotive*

24. Answer: *Eugene the Jeep*
   Joke: Because of his *four-legged drive, Eugene the Jeep* very rarely got *stuck.*

25. Answer: *Foghorn Leghorn*
   Joke: Wouldn't it make more *sense* for *Foghorn Leghorn* to live in a *lighthouse* instead of a *hen house?*

Toy Box

Step back into the boomer toy box, where creativity flourished, and screen time meant peeking through a View-Master! Let's see if you can play along or if your trivia skills are stuck in the toy aisle!

1. This **plastic hoop**, used for **play** and **fitness**, gets its name from a **Hawaiian dance**. _____

2. What **kids' modeling compound** was originally developed in the **1950s** as a **wallpaper cleaner**? _____

3. This **crazy caulk** often comes in a **plastic egg** and can be **stretched** and **bounced**. _____

4. This **toy** wasn't very **complex**, but it created **intricate drawings** with just **plastic gears** and **a pen**. _____

5. Back in **1960, Mattel** created this **female doll** that could **talk** when you **pulled her string**.... almost too much. _____

6. **Lincoln Logs** allowed **kids** to use their **imagination** and **build structures**, but who were they **named after**? _____

7. Marketed as a **toy**, this device has a **spring-loaded mechanism** that **dispenses candy**. _____

1. Answer: *Hula Hoop*
   Joke: I wanted to **drop out of college** to pursue **hula hooping**, but my parents said it was a **waist** *of my talent*.

2. Answer: *Play-Doh*
   Joke: There's a big difference between **Play-Doh** and **pizza dough**, but you really don't **knead** *to know*.

3. Answer: *Silly Putty*
   Nostalgic Memory: Do you remember **how fun** it was to use **Silly Putty**, especially on the **Sunday comics?**

4. Answer: *Spirograph*
   Deep Thought: **Drawing in circles** as a **kid** is vastly different from **running in circles** as an **adult**.

5. Answer: *Chatty Cathy*
   Joke: Right now, you are **thinking** of at least **one friend** that you already call **Chatty Cathy**.

6. Answer: *Abraham Lincoln*
   Joke: **Lincoln** didn't make a **penny** off those logs…. it just **doesn't make cents**.

7. Answer: *Pez Dispenser*
   True Story: I never had the **coordination** or **patience** to load that thing…. I just ate my **Pez** right from the **aluminum pack**.

Play-Doh was first invented in the 1930s as a wallpaper cleaner, perfect for wiping soot off walls. In the 1950s, its squishy, non-toxic formula found new life as a toy, becoming a favorite for kids and proving even cleaning supplies can have a second act!

8. Invented by **Jack Odell** in **1953**, these **toy cars** are in a **1:64 scale**. _____

9. This **nostalgic toy** uses **stereoscopic images** that allow you to see **pictures in 3D**. _____

10. What **toy** allows you to **turn knobs** and **move a stylus** through **aluminum powder** to draw things? _____

11. These **yellow trucks** and **construction vehicles** were first built in **1947** and are still a **staple** in every **kid's sandbox today**. _____

12. What popular **1960s toy company** helped to make the **Yo-Yo** famous in **America**? _____

13. What has **two footrests, a handlebar,** and **a spring mechanism** that **compresses** and **rebounds**? _____

14. What **American toy company** is best known for its **iconic red wagons**? _____

15. What are the **brine shrimp eggs** that you **hatch by adding water** more commonly called? _____

16. **Government Issue Joseph** has a **shorter name.** What is it? _____

8. Answer: *Matchbox Cars*
   Joke: Nowadays, this is about the **size of the car** I can afford to **fill up with gas**.

9. Answer: *View-Master*
Joke: My **report card** came home with **3Ds** once. I'm **58** and **still grounded**.

10. Answer: *Etch A Sketch*
   Joke: I'm definitely not an **artist**. When I **doodle** on the **Etch A Sketch**, my **drawings** are **shaky at best**.

11. Answer: *Tonka Trucks*
Joke: Any **truck** that can **sit outside for years** and still handle an **8-year-old** zipping down a hill on it is a **well-built vehicle**.

12. Answer: *Duncan Toys*
   Joke: So many of you are **probably saying**…. "**Oh yeah,** that's right! I had the **Duncan Imperial red Yo-Yo**."

13. Answer: *A Pogo Stick*
   Did You Know: Back in **2011, James Roumeliotis** bounced on a **pogo stick** for **20 hours** and **13 minutes,** completing **206,864 bounces**.

14. Answer: *Radio Flyer*
   Deep Thought: If **Guglielmo Marconi** got his **pilot's license,** would he be considered a **radio flyer?**

15. Answer: *Sea Monkeys*
   Faux Fact: On several **fishing trips,** I've spotted some **gorillas** in the **Gulf** and even caught an **ocean orangutan,** but I've never seen a **sea monkey**.

16. Answer: *G.I. Joe*
   Joke: Hard times fell upon **G.I. Joe** when his **fiancée** gave him **his marching orders**.

17. Back in the '60s, **Milton Bradley** came out with this **game** that had **nothing** to do with **tornadoes**? _____

18. Coming in typical sizes of **500** or **1,000 pieces**, some of these things have as many as **40,000 pieces**. _____

19. What are **large marbles** that knock **smaller marbles** out of a **circle** called? _____

20. Back in **1963**, **Kenner Products** introduced this **toy** that **cooked things** using just a **light bulb**. _____

21. You could never find this **green flexible figure** without his **orange horse, Pokey**. _____

22. Here's **another toy** that uses a **light bulb**.... it also uses **colored pegs**. What is it? _____

23. What early **recreational footwear**, with **metal wheels**, was strapped to your **feet**? _____

24. What is the **toy** that uses **tiny paper discs** containing a **small amount** of **explosive material**? _____

25. What popular **cloth doll**, created by **Johnny Gruelle** in **1915**, had a brother named **Andy**? _____

17. Answer: *Twister*
Faux Fact: According to the **rules** of **Twister**.... **gymnasts, yoga instructors,** and **contortionists** are all **banned** from **playing.**

18. Answer: *Jigsaw Puzzles*
Joke: My favorite **puzzle of a heart** fell to the **floor,** and I had to start putting it back together **piece by piece.**

19. Answer: *Shooters*
Deep Thought: If you have **two** really good **marble players,** then the game just **rolls on and on.**

20. Answer: *Easy-Bake Oven*
Joke: Back in the **Paleolithic era, Kenner** marketed their **oven,** consisting of **only two sticks,** solely to **cavewomen.** How **stereotypical.**

21. Answer: *Gumby*
Joke: When **Dr. Bruce Banner competed** in the **1980 Olympic balance beam final,** he was also a **green flexible figure.**

22. Answer: *Light-Brite*
Joke: On the **BLSP (Barefoot Lego Scale of Pain),** stepping on a **Light-Brite peg** only registers a **four and a half.**

23. Answer: *Roller Skates*
Joke: Back in the day, if you took a **high-speed corner** with these **skates** on, you'd see **sparks fly....** for real.

24. Answer: *Cap Guns*
Nostalgic Smell: No matter your age, the **smell of cap gun residue** instantly takes you **back to your youth.**

25. Answer: *Raggedy Ann*
Joke: In today's **PC climate, Raggedy Ann** is now known as **Slightly Frayed** and **Gently Tattered Ann.**

Thank you for joining us on this **trivia journey!** Our goal is always to spread a little **joy, laughter,** and **light-hearted fun** in a world that sometimes feels a bit too serious.

We hope this book brought some **smiles** and **good times** your way.

If you enjoyed this book, feel free to **explore** more of **our creations** at
www.wordjaunt.com.

You'll find every puzzle book **takes you on an adventure!**

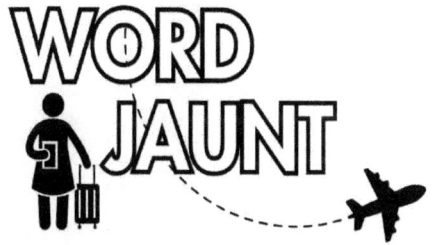

www.ingramcontent.com/pod-product-compliance
Lightning Source LLC
Chambersburg PA
CBHW060329050426
42449CB00011B/2709